최강 유머집

최강 유머집

초판1쇄 인쇄 | 2012년 01월 05일
초판1쇄 발행 | 2012년 01월 07일

지은이 | 윤영준
펴낸이 | 박대용
펴낸곳 | 도서출판 징검다리

주소 | 413-834 경기도 파주시 산남동 292-8
전화 | 031)957-3890,3891 팩스 031)957-3889
이메일 | zinggumdari@hanmail.net

출판등록 | 제 10-1574호
등록일자 | 1998년 4월 3일

＊잘못 만들어진 책은 교환해 드립니다.

21세기는 유머 경영시대

최강
유머집

|윤영준 지음|

징검다리

| 작가의 말 |

　웃음의 명언은 미소를 머금게 합니다. 웃자 웃자 방긋 웃자. 세월이 흘러가도 웃는 행복이 자신을 풍요롭게 해줍니다. 행복을 가져다주는 기쁨과 즐거움을 지혜에서 찾고자 애쓴 문학자 등의 산 유머를 체험할 수 있습니다. 언제나 늘 웃는 여유를 가지고 살 때 행복이 주렁주렁 열립니다.

　기쁨을 나누면 배가되듯이 유머를 나누어도 마찬가지입니다. 행복이 주어지느냐? 불행이 주어지느냐? 하는 갈림길에서 긍정적이고 적극적인 감사와 찬미로 행복을 만들어갈 필요가 있습니다. 웃는 마음과 태도를 항상 유지해서 딱딱한 인생을 부드럽게 만들어봅시다.

　인간의 웃음은 인간의 위대함을 나타내준 창조적 만족이고 고귀한 보배입니다.

　웃음과 유머와 행복의 명언은 우리의 삶을 원만하게 해주는 기름과 같아서 아름다운 인생을 만듭니다. 고통과 아픔을 극복해줄 명언은 지혜의 원천이고 특히 유머는 원수까지 용서해줄 너그러운 마음을 심어줍니다.

방실 웃는 미소 속에서 움트는 행복은 더욱 인생을 풍요롭게 해주고 좋은 감정을 자신도 모르게 흠뻑 가집니다. 유쾌한 기분을 오래 간직해서 웃다가 황홀해지고 싶습니다. 웃는 얼굴에 복이 있듯이 스트레스를 말끔히 씻어 내면 행복해집니다.

인터넷의 혼란과 긴장 속에서 벗어나 여유와 미소를 간직할수록 아름다운 인생을 품고서 인생을 멋있게 살아가리라. 바쁘고 바쁜 스마트폰에 매달려볼지라도 손의 균형이 깨져서 부드러운 손놀림에 그만 손의 힘을 상실하고 맙니다. 손은 부드러우면서 힘이 있어야 균형을 이루고 건강한 미소를 자연스럽게 간직하고 서로 행복한 대화를 마음으로나 말로 나누면서 잔잔한 마음의 기쁨을 가져봅니다.

쾌락을 절제할 수 있는 글은 명언이고 봄은 향긋한 꽃의 웃음을 자아내고 싶고 여름은 더위를 이길 재치의 유머를 간직하고 싶고 가을은 행복한 정취를 만끽하고 싶고 겨울은 추위를 이길 은근한 행복을 누리고 싶습니다. 행복해지고 싶은 갈구가 넘쳐나 저절로 즐거워지길 바랍니다.

만족스러운 시대와 선명한 시사와 갈등의 상식 속에서 웃는 여유가 활기찬 문화를 이루어 웃는 미소를 자아내고 유머와 행복 속으로 빠져든 시간이 된 가운데 시간마저 잊어버린 낙으로 인도되길 바라면서 지혜의 교훈을 준 긍정의 명언에 대한 감명을 오래 간직했으면 합니다.

—윤영준

| 차례 |

작가의 말 … 004

chapter1_ 봄의 유머 … 009

chapter2_ 웃음 … 063

chapter3_ 여름의 유머 … 071

chapter4_ 유머 … 123

chapter5_ 가을의 유머 … 127

chapter6_ 인물행복 … 183

chapter7_ 겨울의 유머 … 237

chapter8_ 행복 … 291

chapter 01

봄의 유머

끙끙대는 강아지

강아지 한 마리가 길가에 앉아 끊임없이 끙끙대고 있었다. 길 가는 사람이 주인에게 물었다.
"강아지가 왜 끙끙대지요? 어디 아프나요?"
"아뇨. 자기 꼬리를 깔고 앉았나 보지요."
"일어서면 될 텐데 왜 끙끙대는 거죠?"
그러자 주인이 웃으면서 대답했다. "아프겠지만 견딜 만하니까 버티고 앉아 있는 겁니다."

💡 장자가 말씀하시기를, "하루라도 착한 일을 생각하지 않으면 모든 악한 것이 저절로 일어난다"고 하였다. _명심보감

두 얼굴의 이중인격자

"링컨은 두 얼굴을 가진 이중인격자"라며 한 의원이 의회에서 링컨을 질책했다.

링컨은 난감한 표정을 짓더니 되물었다.

"거참, 내가 두 개의 얼굴을 가지고 있다면, 오늘 같은 중요한 자리에 왜 이 못생긴 얼굴을 갖고 나왔겠습니까?"

의회의 의원들은 박장대소했고 그 의원은 슬그머니 자리에 앉았다.

나무꾼의 여유

두 인부가 산에서 부지런히 나무를 베고 있었다.

일이 끝날 때 즈음 서로가 벤 나무를 세어보는데 한 인부가 다른 인부보다 두 배를 더 많이 베어서 그 노하우를 물었다.

"저는 저 친구가 쉬지도 않고 일을 할 때 가끔씩 쉬면서 휴식도 취하고 도끼날도 갈았을 뿐입니다."

구매욕구 저하의 원인

어느 40대 아주머니가 백화점에 물건을 사러 갔다.
젊은 남자 점원이 반갑게 맞이하며 말했다.
"어서 오세요. 아주머니, 정말 젊고 멋있어 보이세요."
기분이 좋아진 아주머니가 점원에게 말했다.
"어머, 그래요? 내 나이가 몇 살 같아요?"
"30대 초반 같으세요."
"어머, 그렇게 봐주니 정말 고마워요."
그러나 남자 점원의 한마디에 거래는 끝나버렸다.
"저희 가게는 뭐든 50% 할인해주거든요."

💡 때가 이르니 바람이 등왕각으로 보내고 운이 쇠하니 벼락이 천복비에 떨어졌다. _명심보감

불법영업

링컨이 상원의원 선거에 입후보했을 때 합동연설회에서 경쟁자였던 더글러스 후보가 목소리를 높였다.

"링컨 후보는 자신이 경영하던 상점에서 팔아서는 안 될 술을 팔았습니다. 분명한 위법이며 이렇게 법을 어긴 사람이 상원의원이 된다면 이 나라의 법질서가 어떻게 되겠습니까?"

더글러스는 의기양양했고 청중은 술렁였다. 이때 링컨이 연단에 올라가 태연하게 말했다.

"존경하는 유권자 여러분, 방금 전 더글러스 후보가 말한 것은 사실입니다. 그리고 그때 우리 가게에서 가장 많이 술을 사 마신 최고 우량고객이 더글러스 후보라는 것 역시 사실입니다."

상대편의 음해에 대해 링컨이 위트로 응수하자 좌중은 웃음바다가 됐다.

행복의 지혜

 아파트 10층에 사는 부부는 금실이 좋았지만, 9층에 사는 부부는 그렇지 못했다.
 어느 날, 9층에 사는 남자가 10층에 사는 남자에게 물었다.
 "부부간에 사이좋게 지내는 비결이 뭐죠? 아주머니가 참 상냥하시던데요."
 그러자 10층 남자가 대답했다.
 "우리는 비교적 큰일에 대해서는 제가 결정을 내리고, 자질구레한 일에 대해서는 전적으로 아내가 결정을 내리기로 약속했거든요. 하지만 비결은 결혼해서 지금까지 큰일이 단 한 건도 없었다는 거죠!"

'때문에'와 '덕분에'

두 형제가 성장해 형은 알코올중독자가 되었고, 동생은 유명한 변호사가 되었다.

한 기자가 형에게 먼저 어떻게 알코올중독자가 되었는지 물었다.

"알코올중독자였던 아버지 때문입니다. 아버지가 알코올중독자니 자식도 그렇게 되는 게 당연한 거 아니겠습니까?"

이번에는 동생에게 어떻게 변호사가 되었는지 물었다.

"알코올중독자였던 아버지 덕분입니다. 아버지처럼 되고 싶지 않아서 정말 열심히 공부했습니다."

벽 속의 문

누구나 그런 것처럼 나도 고등학교 다닐 때 많은 갈등을 겪었다. 너무 힘들어서 담임선생님을 찾아가 상담했다.

"선생님, 너무 힘들어요. 온 사방이 벽으로 둘러싸여 있어서 숨쉬기도 힘들어요."

잠시 듣고 계시던 선생님이 대답하셨다. "그래? 그럼 문을 열고 나오면 되잖아."

> 공자가 말씀하시기를, "착한 것을 보거든 미치지 못하는 것과 같이 하고, 악한 것을 보거든 끓는 물을 만지는 것과 같이 하라"고 하였다.
>
> _명심보감

사랑의 원리

교수님이 한 학생에게 질문했다.
"아인슈타인의 상대성원리를 설명할 수 있겠나?"
그러자 학생이 자신만만하게 대답했다.
"간단합니다. 아주 뜨거운 난로 옆에서는 1분만 있어도 1시간처럼 느껴지지만 예쁜 여자친구와 뽀뽀를 하면 1시간도 1분처럼 느껴지는 것입니다."

칭찬 한마디

링컨이 암살당했을 때 링컨의 호주머니에서 나온 신문조각에는 이렇게 쓰여 있었다.

"에이브러햄 링컨은 역대 정치인들 중에서 가장 존경받을 만한 사람이라 할 수 있다."

공자가 말씀하시기를, "하늘에 순종하는 자는 살고, 하늘을 거역하는 자는 망한다"고 하였다. _명심보감

빛나는 단점

사시 때문에 평생 놀림을 받던 사람이 한 공장의 경비대장으로 원서를 냈는데 한 번에 붙었다.

그는 면접관 앞에서 이렇게 이야기했다.

"저는 사시입니다. 그래서 제가 어디를 쳐다보는지 사람들이 잘 알 수 없기 때문에 경비원으로는 최적입니다."

달라진 세계관

갓 결혼한 남자가 친구들에게 고백했다. 남자, "난 그깟 결혼으로 이렇게 세계관이 바뀔 줄 몰랐어!" 친구들, 무슨 말이야? 남자, "결혼 전엔 온 세상 여자가 다 천사인 줄 알았어."
친구들, 그런데? 남자, 딱 한 명만 줄었어. 친구들, ……

💡 『익지서』에 이르기를, "나쁜 마음이 가득 차면 하늘이 반드시 벨 것이다"라고 하였다. _명심보감

이것이 재치와 위트

한 네티즌이 내비게이션 회사의 게시판에 다음과 같은 글을 남겼다.

"내비게이션에 의존하다 보면 한평생 길치에서 못 벗어난다."

다음날 회사는 다음과 같은 댓글을 달았다.

"한평생 길치되면 일평생 내비게이션을 사용하면 된다."

정치인의 배고픔

대한민국에서 가장 배고픈 직업이 정치인이라고 한다.
그 이유가 재미있다.
"늘 밥그릇싸움 하느라 밥 한 숟가락 먹지 못해서…"

💡 오이씨를 심으면 오이를 얻고 콩을 심으면 콩을 얻으니, 하늘의 그물은 넓고 넓어서 성기지만 새지 않는다. _명심보감

은행장의 고민

한 은행장이 걱정을 했다.
"요즘에 여성들의 성형수술이 유행이라 한 명당 천만 원씩을 대출해줬는데 큰일이야."
"아니, 왜요?"
"성형수술 이후에 얼굴이 바뀌어서 찾을 수가 없어."

💡공자가 말씀하시기를, "악한 일을 하여 하늘에 죄를 얻으면 빌 곳이 없다"고 하였다. _명심보감

엄마와 아기호떡

아기호떡 : 엄마… 너무 뜨거워…
엄마호떡 : 참으렴!
아기호떡 : 엄마… 너무 뜨거워… 견딜 수 없어…
그러자 엄마호떡 왈.
"그럼, 뒤집어!"

물 한 모금의 긍정학

한 사람이 말했다.
"서울은 물 한 모금도 돈이야. 살 만한 곳이 못 돼."
그러자 옆에 있던 사람이 말했다.
"그럼 꼭 가야겠군. 물 한 모금만 팔아도 먹고 살 수 있을 테니…."

아르바이트생의 생각

한 패스트푸드 점원이 교회에서 열심히 기도하다가 아르바이트를 하러 갔다.
그런데 가게에 손님이 들어오자 하는 말.
"주님, 무엇을 도와드릴까요?"

💡공자가 말씀하시기를, "죽고 사는 것은 명에 있고, 부자가 되고 귀하게 되는 것은 하늘의 뜻에 달려 있다"고 하였다. _명심보감

병의 원인

 한 사람이 병원에 갔는데 의사선생님이 물었다.
 "어디가 아프세요?"
 그러자 환자가 온몸을 찌르면서 말했다.
 "여기도 아프고, 저기도 아프고, 온몸이 안 아픈 곳이 없어요. 죽을병에 걸린 것 같아요."
 진료 후에 의사가 말했다.
 "걱정 마세요. 손가락 끝이 약간 삐었을 뿐입니다."

진정한 비전

한 기자가 유명한 화가의 집을 방문해 집안 곳곳에 걸려 있는 화가의 작품들을 보면서 감탄했다.

"정말 멋집니다. 그런데 저 많은 작품 중에서 어떤 작품이 가장 훌륭하다고 생각하십니까?"

그러자 화가가 웃으면서 말했다.

"다음에 그릴 그림이지요."

💡 『경행록』에 이르기를, "화는 요행으로 면하지 못하고 복은 두 번 다시 구하지 못한다"고 하였다. _명심보감

진정한 자신감

 한 보험회사 컨설턴트가 대기업의 회장님을 만나기 위해서 방문했지만 비서실에서 번번이 거절당했다.
 수없는 방문 끝에 직접 회장님에게 편지를 썼는데 다음날 회장님으로부터 직접 연락이 와서 최고의 계약을 체결할 수 있었다.
 "회장님, 저는 매 순간 원하기만 하면 하나님을 만날 수 있습니다. 그런데 회장님은 아무리 노력해도 만날 수가 없네요."

안데르센의 도전

 동화작가 안데르센은 매우 가난한 집안에서 태어나 초등학교도 다니지 못했으며 알코올중독자인 아버지에게 학대를 당하곤 했다. 그는 그런 역경 속에서도 다락방에 누워 행복한 상상을 즐겼다.
 "나의 아버지는 좋은 사람이고, 집이 가난해도 행복하다."

 공자가 말씀하시기를, "부모가 살아 계실 때에는 멀리 나가 놀지 말 것이며, 나가 있을 때는 반드시 있는 곳을 알려야 한다"고 하였다.

_명심보감

행복한 사람

남자 두 명이 논쟁을 벌이고 있었다.

"꽃을 선물하면 주는 사람이 행복할까? 받는 사람이 행복할까?"

하지만 서로 자신의 생각만 주장하다 보니 결론이 나지 않아서 결국 꽃집 주인에게 가서 물어보기로 했다.

그러자 꽃집주인이 웃으면서 대답했다.

"하하하. 꽃을 판 사람이 제일 행복합니다."

착한 어린이

　매일 집안을 어지럽히는 개구쟁이 아들을 둔 엄마가 어린 자식에게 날마다 회초리로 다스리기도 어려워 잠자리에 들기 전에 스스로 씻고 장난감도 가지런히 정돈하는 착한 어린이 이야기를 들려 줬다. 똘망똘망한 눈으로 엄마의 이야기를 끝까지 듣던 아이가 말했다.
　"엄마, 그 애는 엄마도 없대?"

> 공자가 말씀하시기를, "아버지가 명하여 부르시면 즉시 대답하되 머뭇거리지 말아야 하며, 음식이 입에 있으면 당장 이를 뱉어내야 한다"고 하였다. _명심보감

생각의 차이

한 청년이 대학을 졸업하고 미국 뉴욕박물관에 임시직 사원으로 취직했다. 청년은 매일 남들보다 한 시간씩 일찍 출근해 박물관의 마룻바닥을 닦았다. 청년은 항상 행복한 표정을 지으며 마루를 닦았다.

어느 날 박물관장이 청년에게 물었다. "대학교육을 받은 사람이 바닥청소를 하는 것이 부끄럽지 않은가?"

청년은 웃으면서 대답했다.

"이곳은 그냥 바닥이 아닙니다. 박물관의 마룻바닥입니다."

대머리의 도전

한 20대의 대머리 남자가 발모제를 만드는 회사에 지원했다.

사장이 물었다. "아니, 어떻게 대머리가 발모제를 팔겠습니까?"

그러자 지원자가 말했다.

"하하하. 제 친구는 가슴이 없지만 브래지어를 팝니다."

💡 『경행록』에 이르기를, "대장부는 마땅히 남을 용서할지언정 남의 용서를 받는 사람이 되지 말아야 한다"고 하였다. _명심보감

꼬마의 잔꾀

두 꼬마가 영어학원에서 이야기를 나누고 있다.

"나는 정말 미국에서 태어나지 않은 것이 얼마나 다행인지 몰라."

다른 꼬마가 이유를 물었다. "응, 나는 영어를 전혀 못하잖아."

죄수의 이유

교도소에 있는 두 남자가 이야기를 나누고 있다.

한 남자가 말했다. "나는 누가 충고를 해주더라도 귀를 기울이지 않아서 지금 요 모양 요 꼴이 됐지."

그러자 옆에 앉은 다른 죄수가 말했다.

"나는 남의 말만 듣다가 이런 꼴이 되었다네."

💡 마원이 말씀하시기를, "남의 허물을 듣거든 부모의 이름을 듣는 것과 같이하여 귀로 들을지언정 입으로는 말하지 마라"고 하였다. _명심보감

신사의 거절

한 신사가 양복점에 들어갔다. 하지만 점원이 무표정한 얼굴로 너무 심하게 아부하며 판매를 강요해서 사고 싶은 마음이 싹 사라져 버렸다.

"손님, 이것을 입으시면 열 살은 젊어 보일 겁니다."

그러자 신사가 부드럽게 웃으면서 거절했다.

"하하, 그럼 이걸 입었다가 벗으면 열 살이 늙어 보이겠네요. 그럼 곤란하죠."

도둑의 변명

판사가 도둑에게 물었다.

"피고는 돈뿐만 아니라 시계, 반지, 옷, 진주 등도 함께 훔쳤죠?"

그러자 피고가 대답했다.

"네. 사람은 돈만 가지고는 행복할 수 없다고 배웠습니다."

💡 태공이 말씀하시기를, "부지런함은 값으로 따질 수 없는 보배요, 신중함은 몸을 보호해 주는 부적이다"라고 하였다. _명심보감

제자의 지혜

제자와 스승이 내기를 했다.
스승 : 나를 이 방에서 나가게 하면 내가 한턱낸다!
잠깐 생각하던 제자가 대답했다.
제자 : 저는 스승님을 나가게 할 수는 없지만 들어오게 할 수는 있습니다.
스승 : 그래? 그럼 내가 일단 나가보지.

💡 『경행록』에 이르기를, "음식이 담백하면 정신이 상쾌해지고, 마음이 맑으면 꿈자리가 편안하다"고 하였다. _명심보감

유명의 증거

　미국의 유명한 영화배우였던 그레고리 펙. 그가 어느 날 친구와 고급식당에 갔는데 예약을 하지 않아 오랫동안 기다려야 했다. 그때 친구가 말했다.
　"그레고리 자네가 누군지 말하면 금방 자리를 내줄 텐데 왜 기다리나?"
　그러자 그레고리가 대답했다.
　"이 친구야, 내가 누군지 말해야 한다면 그건 바로 내가 유명하지 않다는 증거라네."

택시운전사의 긍정적인 사고

속초에서 택시를 타고 가는 길에 택시기사에게 물었다.
"기사님은 고향이 어디세요?"
"저요?… 원통입니다."
그래서 짐짓 아는 체하며 말했다.
"아~ 이제 가면 언제 오나 원통해서 못살겠네. 할 때 그 원통이 고향이세요?"
그러자 택시기사가 대답했다.
"아니요. 그 원통 말고 '원하면 모든 것이 통하는 동네. 원통'입니다. 하하하."

긍정적인 후배

얼마 전 한 동네에 사는 후배가 우리 집 근처로 이사를 왔다. 하지만 이사하는 날, 소나기가 내려 이사하는 데 어려움을 겪었다.

며칠 후 그를 다시 만났을 때 물었다.

"이사하느라 고생이 많았겠네?"

그러자 그 후배는 웃으면서 대답했다.

"형님, 비 오는 날 이사하면 잘산다고 하잖아요. 아주 즐겁게 이사했습니다."

💡마음가짐을 바르게 하여 모든 일에 대처한다면 비록 글을 읽지 않았더라도 덕이 있는 군자가 될 수 있다. _명심보감

햄의 크기

어느 집에서 아내가 햄을 구울 때 늘 끝부분을 잘라냈다. 남편이 그 이유를 물었다.

"잘 몰라요. 원래 이렇게 하는 거예요."

얼마 뒤 남편이 처갓집에 갔는데 장모님도 똑같이 햄의 끝부분을 잘라내고 요리를 하고 있어 그 이유를 물었다.

"잘 모르겠는데…. 내 어머님께서 이렇게 해왔네."

나중에 아내의 외할머니에게 물었더니 이렇게 대답했다.

"아, 그거! 별게 아니고, 옛날에 내가 작은 후라이팬밖에 없어서 끝부분을 잘라내고 요리했거든."

면접자의 멋진 지혜

 한 기업의 최종 면접에 다음과 같은 질문이 나왔다.
 "당신은 지금 거센 폭풍우 속을 운전하고 있다. 그런데 도중에 과거에 당신의 목숨을 구한 생명의 은인인 의사, 심하게 아픈 할머니, 그리고 당신의 이상형인 여인을 만난다. 하지만 차에는 세 사람만 탈 수 있다. 당신이라면 어떻게 하겠는가?"
 최종 합격자의 대답은 더 이상의 설명이 필요 없었다.
 "의사 선생님께 차 열쇠를 드리고 할머니를 병원에 모셔다 드리도록 합니다. 그리고 저는 제 이상형과 함께 버스를 기다리겠습니다."

💡『근사록』에 이르기를, "분함을 억누르기를 불을 끄듯이 하고, 욕심을 억누르기를 물을 막듯이 하라"고 하였다. _명심보감

케네디의 재치

케네디가 우주비행사에게 공로메달(훈장)을 수여할 때였다.
그런데 아뿔싸! 실수로 훈장을 떨어뜨리고 말았다.
'쨍' 소리와 동시에 주변은 찬물을 끼얹은 듯 조용해졌다.
하지만 케네디는 태연하게 훈장을 주워들고 말했다.
그 한마디에 참석자 모두 뜨거운 박수를 보냈다.
"하늘의 용사에게 땅으로부터 이 영광을 건넵니다."

💡순자가 말씀하시기를, "쓸데없는 말과 급하지 않은 일은 버려두고 다스리지 마라"고 하였다. _명심보감

행복의 씨앗

지독히도 불행하게 살았던 한 여인이 있었다.

어느 날 이 여인의 꿈에 원하는 것은 무엇이든지 파는 가게가 나타났다. 이 여인은 너무 좋아 말했다.

"마음의 평화와 사랑, 지혜와 행복을 주시구요, 온갖 걱정을 털어버리게 해주세요."

이 말을 들은 주인은 미소를 지으면서 말했다.

"부인, 우리 가게는 열매를 파는 게 아니라 씨앗만 팝니다. 자, 여기 부인이 원하는 모든 것이 열리는 씨앗입니다. 바로 감사의 씨앗입니다."

착한 아빠

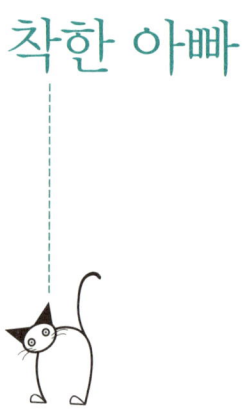

자녀를 6명이나 둔 아버지가 오랜만에 아이들과 놀면서 물었다.

"항상 엄마 말을 잘 들어야 해요. 그런데 우리 집에서 엄마 말을 제일 잘 듣는 사람이 누구지?"

그러자 아이들이 이구동성으로 대답했다. "아빠요."

평안의 뿌리

한 변호사가 교통사고로 중상을 입고 병원에 입원했다.

친구들이 병문안을 갔는데 변호사가 정신없이 성경을 뒤지고 있었다. 친구들이 궁금해서 물었다.

"이제부터 하나님을 믿으려고?"

그러자 변호사가 말했다. "아니. 혹시 죽음으로부터 빠져나갈 구멍이 없나 찾아보고 있다네."

공자가 말씀하시기를, "모든 사람이 좋아하더라도 반드시 살펴야 하며, 모든 사람이 미워하더라도 반드시 살펴야 한다"고 하였다. _명심보감

버림의 지혜

한 노부부가 결혼 60주년을 맞아 신문사와 인터뷰를 했다.

기자가 물었다. "60년 동안 행복한 부부생활을 할 수 있었던 비결이 있습니까?"

그러자 할아버지가 대답했다. "그건 별거 아니야. 한 사람이 말을 하면 다른 사람은 나쁜 말은 귀담아듣지 않고 흘려버리는 거야."

남자의 건망증

한 남자가 의사를 찾아왔다.
환자 : 선생님, 저는 건망증이 너무 심해서 큰일 났어요.
의사 : 언제부터 그랬나요? 그러자 환자가 고개를 갸우뚱거리며 말했다.
"뭐가요?"

💡 술에 취한 가운데도 말이 없음은 참다운 군자요, 재물에 대해 분명함은 대장부다. _명심보감

인생의 미완성

얼굴에 주름이 가득한 한 여인이 탄식하며 말했다.

"나의 인생은 왜 이다지도 괴롭단 말인가? 차라리 인간으로 태어나지 않았으면 좋았을 텐데…."

옆에서 듣고 있던 한 여인이 웃으면서 이렇게 말했다.

"당신은 아직 완전하게 만들어진 것이 아닙니다. 하나님께서는 온전하게 당신의 몸을 만드셨고 이제 당신과 함께 당신의 마음을 만들어가고 있는 중입니다."

처녀의 기도

한 노처녀가 항상 이렇게 기도했다.
"하나님, 시집갈 수 있게 멋있는 신랑감을 주세요."
옆에서 듣고 있던 한 사람이 조언했다.
"이렇게 기도해보세요. 하나님, 저희 부모님에게는 멋있는 사윗감을 주시고 또 할머니에게는 자상한 손자사위를 주시고 남동생에게는 최고의 매형을 주세요."

> 『경행록』에 이르기를, "만족함을 알면 가히 즐거울 것이요, 탐욕에 힘쓰면 곧 근심이 있을 것이다"라고 하였다. _명심보감

말 한마디의 능력

 두 소년이 포도를 먹고 있었다. 맛있게 먹던 한 소년이 다른 소년에게 물었다. "포도 맛이 좋지?"
 그러자 다른 소년은 "그렇긴 한데 씨가 너무 많아."라고 대답했다. 잠시 후에 꽃밭을 지나며 첫 번째 소년이 말했다.
 "우와, 장미꽃 정말 예쁘다. 그리고 향기도 좋아. 와, 정말 행복해." 그러자 옆에 있던 다른 소년이 말했다.
 "예쁘긴 한데 가시가 잔뜩 있잖아!"
 잠시 휴식을 취하며 음료수를 마시는데 두 번째 소년이 말했다.
 "벌써 반이나 먹어버렸네."
 그러자 첫 번째 소년은 대답했다. "아직도 반이나 남아 있네."

이브의 의심

이브는 언제나 아담의 사랑을 확인하려고 했다.
"아담, 나 사랑해?"
"응, 사랑해."
이브가 몇 분 뒤 또 물었다.
"아담, 나 사랑해?"
"당연히 사랑하지."
잠시 후 또 물어보는 이브에게 아담이 화를 내며 대답했다.
"그럼 너 말고 또 누가 있니? 응?"

💡 무릇 모든 유희는 이로울 것이 없으니, 오직 부지런함만이 공을 이루리라. _명심보감

사랑의 욕심

아주 옛날에 한 유람선이 난파되어 가라앉았다. 후에 이 유람선을 건져냈는데 한 부자가 금괴 2백 파운드를 넣은 허리띠를 두른 채 죽어 있었다. 그리고 두 손에는 두르지 못한 금괴를 잔뜩 쥐고 있었다.

사람들은 의문을 던졌다. 부자가 그 금을 가지고 있었던 것인가? 아니면 금이 부자를 가지고 있었던 것인가?

죽음 앞에서도 결코 풀지 못하는 것이 탐욕과 욕심이라고 했던가?

> 태공이 말씀하시기를, "남의 오이밭을 지날 때에는 신을 고쳐 신지 말고, 남의 오얏나무 밑에서는 갓을 고쳐 쓰지 마라"고 하였다. _명심보감

심리학자의 멋진 조언

한 부모가 손가락을 심하게 빠는 아이를 데리고 심리학자를 찾았다. 심리학자가 말했다.

"엄마 아빠가 손가락 빠는 버릇을 고쳐달라고 너를 데려왔구나. 원래 여섯 살짜리 꼬맹이들은 다 손가락을 빠는데 말이야."

아이는 손가락을 계속 입에 문 채 의기양양한 표정을 지었다. 곧이어 심리학자는 지나가는 투로 몇 마디 덧붙였다.

"하지만 일곱 살들은 손가락을 빨지 않지. 일곱 살이면 다 큰 어른과 같아서 여섯 살 꼬맹이들처럼 행동하지 않지."

이 한마디에 아이는 서서히 입에서 손가락을 뺐다.

스티비 원더의 장점

 스티비 원더는 맹인이었기에 어렸을 때 늘 아이들에게 왕따를 당했다.
 어느 날, 수업중인 교실에 쥐가 한 마리 나타났는데 좀처럼 잡을 수가 없었다. 그때 선생님이 스티비 원더에게 말했다.
 "원더, 너의 탁월한 청력을 이용해서 쥐를 찾아보렴."
 스티비 원더는 잠시 귀를 기울이더니 교실 구석 벽장을 가리켰다. 쥐는 쉽게 잡혔고, 선생님은 스티비 원더를 불러 이렇게 말했다.
 "넌 남들이 못 듣는 소리를 듣는 능력이 있어. 넌 특별한 귀를 가졌어."

롱펠로우의 열정

19세기 최고의 시인이었던 롱펠로우.

그의 첫 번째 아내는 지병으로 죽고, 두 번째 아내는 화재로 죽었다. 이런 어려움 속에서도 왕성한 작품 활동을 하자 한 기자가 질문했다.

"선생님은 험한 인생 고개를 수없이 넘으면서도 어떻게 그런 아름다운 시를 남길 수 있었습니까?"

그러자 롱펠로우는 정원의 사과나무를 가리키며 대답했다.

"저기 저 사과나무가 보이시죠? 봄이면 늘 새로운 가지를 만들어내며 열매를 맺습니다. 저는 제 자신을 항상 새로운 가지라고 생각했습니다."

💡 모든 일에 너그러움을 따르면 그 복이 스스로 두터워진다. _명심보감

희아의 전설

네 손가락의 피아니스트 희아.
많은 사람들에게 희망을 주고 있는 희아는 말한다.
"손가락이 네 개라는 것이 참 감사합니다. 왜냐하면 사람들의 주목을 끌 수 있었기 때문입니다. 열 손가락으로 피아노를 쳤다면 주목받지 못했겠지만 네 손가락이었기 때문에 가능했습니다."

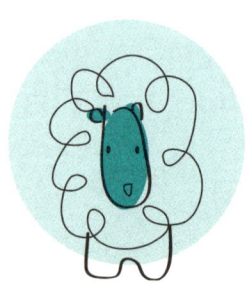

인간의 진정한 능력

유치원 선생님이 영어를 가르치고 있었다.

선생님 : (손을 펴고) 이게 뭐예요?

아이들 : 핑거요.

아이들의 야무진 대답에 선생님은 참 똑똑하구나, 생각하며 다시 물었다.

선생님 : (주먹을 쥐고) 그럼 이건 영어로 뭐예요?

그러자 아이들은 일제히 이렇게 대답했다. "쥔 거요~~."

💡 만족함을 아는 사람은 가난하고 미천해도 또한 즐거울 것이요, 만족함을 모르는 사람은 부유하고 귀해도 또한 근심할 것이다. _명심보감

스승의 열정

미국 최고의 아동교육 전문가였던 존 듀이.
90세가 넘은 어느 날 제자들이 존 듀이에게 말했다.
"스승님, 이제 편히 쉬세요."
그러자 듀이가 대답했다.
"산 정상에 오르면 또 다른 정상이 보인다네. 만일 바라볼 산봉우리가 보이지 않는다면 내 인생은 끝난 것이나 다름없지. 하지만 감사하게도 내 눈앞에는 끝없는 산봉우리가 펼쳐져 있네."

💡 지나친 생각은 헛되이 정신만 상하게 할 뿐이요, 허망한 행동은 도리어 재앙만 불러 들인다. _명심보감

그대가 웃으면 세상 사람들이 그대와 함께 웃는다. 그러나 그대가 울면 혼자서만 울게 된다. -**윌콕스**(시인)

그대의 마음을 웃음과 기쁨으로 감싸라. 그러면 천 가지 해로움을 막아주고 생명을 연장시켜 줄 것이다. -**셰익스피어**(극작가)

나는 울지 않기 위해 어떤 것을 보아도 기꺼이 웃는다.
-**보마르셰**(극작가)

나는 웃음의 능력을 보아왔다. 웃음은 거의 참을 수 없는 슬픔을 참을 수 있는 어떤 것으로, 더 나아가 희망적인 것으로 바꾸어 줄 수 있다. -**봅 호프**(코미디언)

너무 많이 웃는 사람은 바보의 기질이, 전혀 웃지 않는 사람은 늙은 고양이의 기질이 있다. **-토마스 풀러**(작가)

농담하는 사람 자신이 웃으면 그 농담은 효과가 없다.
-실러(시인)

당신이 불쾌한 기분 속으로 들어가기 때문에, 모든 것이 불쾌해지는 것이다. 먼저 유쾌하게 생각하고 행동하라. 그러면 유쾌한 기분이 절로 솟아날 것이다. 이것이 평화와 행복을 불러오는 방법이다. **-데일 카네기**(작가)

당신이 웃고 있는 한 위궤양은 악화되지 않는다.
- **패티우텐**(의학자)

독자들을 웃기고 울리고 기다리게 만들라. - **리드**(소설가)

돈은 사람을 웃게 만든다. - **존 셀던**(법률가)

마음껏 웃는 웃음은 집안의 햇빛이다.
- **윌리엄 새커리**(작가)

바보일수록 더 많이 웃는다. - **당쿠르**(극작가)

사람은 웃을 줄 아는 유일한 동물이다.
- **윌리엄 화이트헤드**(시인)

　사람은 행복해지기에 앞서서 반드시 웃어야만 한다. 그렇지 않으면 한 번도 웃어보지 못한 채 죽을 지도 모른다.
　- 라브뤼예르(작가)

　세상의 아름다움은 웃음이라는 칼날과 마음을 갈가리 찢는 고뇌라는 칼날이 있다.　**- 버지니아 울프**(소설가)

　승리하는 자는 웃는다.　**- 헤이우드**(극작가)

　심한 기쁨은 울고 심한 슬픔은 웃는다.　**- 루**(작가)

　여자는 웃을 수 있을 때만 웃고 울고 싶을 때만 운다.
　- 조지 허버트(시인)

우리는 행복하기 때문에 웃는 것이 아니고 웃기 때문에 행복하다. **- 윌리엄 제임스(심리학자)**

웃는 사람은 실제적으로 웃지 않는 사람보다 더 오래 산다. 건강은 실제로 웃음의 양에 달렸다는 것을 아는 사람은 거의 없다. **- 제임스 월쉬(가수)**

웃는 얼굴은 상대의 마음을 열게 하고 굳은 얼굴은 상대의 마음을 닫게 한다. **- 다니엘 맥닐(저널리스트)**

웃을 줄 모르는 사람은 반역, 음모, 약탈에 적합할 뿐만 아니라 그의 모든 생애가 이미 반역과 음모다. **- 칼라일(역사가)**

웃음으로 사람을 판단할 수 있다. 전혀 모르는 상대방의 웃음이 마음에 든다면 그를 착한 사람이라고 단언할 수 있다.
- 도스토예프스키(소설가)

웃음은 전염된다. 웃음은 감염된다. 이 둘은 당신의 건강에 좋다. -**윌리엄 프라이**(의학자)

웃지 않고 보낸 하루는 일생에서 가장 무익한 날이다.
-**샹포르**(작가)

제일 나중에 웃는 사람이 가장 크게 웃는다.
-**밴브러 경**(작가)

좋은 이빨들을 보이려고 웃는 사람들이 있고 착한 마음씨를 보이려고 우는 사람들도 있다. -**루**(작가)

지식은 사람을 웃게 만들지만 재산은 바보로 만든다.
-**조지 허버트**(시인)

지혜로운 사람은 가장 적게 웃는다. -**조지 허버트**(시인)

질투에는 웃음보다 더 무서운 것이 없다. **-사강(작가)**

천박한 사람들은 자주 큰 소리로 웃지만 미소하는 경우는 거의 없는 반면, 예의 바른 사람들은 자주 미소하지만 큰 소리로 웃는 경우는 거의 없다. **-체스터필드(작가)**

쾌활함과 재치는 사람이 두각을 드러내게 해주지만 케케묵은 농담과 큰 웃음소리는 그를 어릿광대로 만든다.
-체스터필드(작가)

chapter 03

여름의 유머

조카들의 생각

작년 여름. 조카들과 야외로 놀러갔다. 이 나무 저 나무에 매달린 매미들이 울기 시작하자 내가 말했다.

"시끄러워, 울지 마."

그러자 옆에 있던 조카가 말했다.

"삼촌, 매미들이 우는 것이 아니라 웃는 거잖아. 그러니깐 그냥 둬."

링컨의 왕거울

링컨은 독학으로 변호사가 되고 하원의원으로 출마했다. 하루는 경쟁자와 토론을 하게 되었는데 경쟁자가 말했다.

"저희 집안은 대단합니다. 아버지는 주지사이고, 삼촌은 상원의원이며 할아버지는 장군이었습니다."

그러자 링컨이 조용하게 받아쳤다. "여러분, 저희 집안도 저분의 집안처럼 훌륭합니다. 저는 훌륭한 결혼생활을 꾸려온 그 조상들의 후손입니다."

💡 만족함을 알아 늘 만족하면 평생토록 욕되지 않을 것이요, 그칠 바를 알아 늘 그치면 평생토록 부끄러움이 없을 것이다. _명심보감

생일보다 더 좋은 것

얼마 전에 참 행복한 분을 만났다. 표정도 맑았지만, 매 순간 행복할 수 있는 비결을 아낌없이 나누어주었다.

"우리는 태어난 날짜를 기억해 생일로 축하하잖아요. 그런데 왜 날짜만 축하해야 하죠? 태어난 시인 생시, 태어난 분인 생분까지 축하하고 즐거워하면 안 되나요?"

💡 『서경』에 말하기를, "가득 차면 덞을 부르고 겸손하면 더함을 얻는다"고 하였다. _명심보감

열정의 정체

미국 최고의 민속화가인 그랜드마 모제스는 백한 살로 타계할 때 천 6백 점의 작품을 남겼다.

모제스는 일흔다섯 살까지는 10남매를 길러낸 평범한 주부였다. 하지만 그때부터 그림을 그리기 시작해 최고의 명성을 얻었다. 그녀는 자손들에게 멋진 유산 한마디를 남겼다.

"열정이 있는 한 늙지 않는다."

유머의 생활화

 차를 몰고 잠실대교를 건너는데 택시 한 대가 번개처럼 앞질러 간다. 손님도 태우지 않고 과속하기에 아내에게 말했다.
 "거 참…. 백수가 과로사한다더니 빈 택시가 과속하네."
 표현이 괜찮았는지 아내가 웃었다. 그래서 내친김에 속담 위트 하나를 더 만들어보았다.
 "저렇게 과속해서 빨리 가면 경찰차보다 경비회사 차들이 더 무서워지지. 그래서 이런 말이 있잖아. 경찰차 보고 놀란 가슴 새콤차 보고 놀란다."

💡 공자가 말씀하시기를, "그 지위에 있지 않으면 그 정사를 도모하지 않는다"고 하였다. _명심보감

공짜 이발

어떤 남자가 아이와 함께 이발소에 와서는 요금은 얼마든지 낼 테니 가장 보기 좋은 스타일로 이발을 해달라고 했다. 그리고 이발이 끝나자 꼬마 아이를 의자에 앉히고 이발사에게 말했다. "몇 분 후에 올 테니 예쁘게 깎아 주세요."

그러나 한참이 지나도 그 남자가 돌아오지 않자 이발사가 아이에게 말했다.

"네 아빠가 너를 잊어버린 것 같구나." 그러자 아이가 대답했다. "그 남자는 우리 아빠 아닌데요. 가게 앞에서 내 손을 잡더니 나한테 이랬어요. '꼬마야, 오늘 우리 공짜 이발 한번 해볼까?'라고요."

부부사랑 유언장

유언장을 작성해서 공증을 받으러 온 중년 남자에게 변호사가 물었다.

변호사 : 유언장을 보니 바다에 묻어달라고 하셨군요.

남자 : 네, 그렇습니다.

변호사 : 왜 산이 아니라 바다에 묻어달라고 하십니까?

남자 : 마누라가 제가 죽으면 제 무덤 위에서 춤을 추겠답니다. 그래서 어디 춤출 테면 춰보라구요.

진정한 장인정신

대략 7년 전의 일이다. 한 차량정비소에 붙어 있던 현수막이 아직도 잊히지 않을 만큼 인상적이었다.

"30년 동안 오직 차만 고쳐왔고 꿈속에서도 오직 차만 생각합니다. 앞으로도 오직 여러분의 차만 생각하겠습니다."

💡 은혜를 베풀었으면 그 보답을 바라지 말고, 남에게 주었으면 후회하지 마라. _명심보감

욕심의 한계

한 선생님이 수업시간에 학생들에게 물었다.
"돈 1억을 가진 사람과 아이 열 명을 가진 사람 중 누가 더 행복할까요?"
그러자 한 학생이 또박또박하게 대답했다.
"아이 열 명을 가진 사람이 더 행복할 것 같습니다."
선생님이 이유를 물었더니 학생은 이렇게 대답했다.
"1억을 가진 사람은 더 많은 돈을 원하겠지만 아이 열 명을 가진 사람은 더 이상의 아이를 원하지 않을 테니까요."

몰입의 증거

1960년 당시 영국의 레알 마드리에는 세계 최고의 골잡이 피렌스 푸스카스가 뛰고 있었다.

한 기자가 푸스카스에게 물었다.

"어떻게 하면 그렇게 축구를 잘할 수 있습니까?"

그러자 푸스카스가 웃으면서 대답했다.

"나는 사람들과 있을 때에는 축구 이야기를 합니다. 그리고 혼자 있을 때는 축구에 대해서만 생각합니다."

💡 법을 두려워하면 언제나 즐거울 것이요, 공적인 일을 속이면 날마다 근심이 된다. _명심보감

노력의 결과

20세기 최고의 연주가로 존경받는 첼리스트 파블로 카잘스는 95세 때에는 꾸준하게 연습했다.

한 기자가 물었다.

"선생님께서는 올해 95세인데 아직도 하루 6시간씩 연습하는 이유가 무엇입니까?"

그러자 카잘스는 이렇게 대답했다.

"지금도 연습할 때마다 내 연주 실력이 조금씩 향상되고 있음을 느끼기 때문이지요."

사랑이란

이런 유머가 있지요.
세상에서 가장 쉬운 것은?
"남녀가 서로 사랑에 빠지는 것."
세상에서 가장 어려운 것은?
"사랑했다는 이유로 서로 60년 넘게 살아줘야 하는 것."

💡 마음이 남을 저버리지 않았으면 얼굴에 부끄러운 빛이 없다. _명심보감

수우미양가의 비밀

성적표를 받은 아들이 집에 와서 엄마에게 성적표를 주기 전에 물었다.
"엄마! 엄마는 미술가가 좋아, 음악가가 좋아?"
엄마가 대답했다. "미술가도 좋고, 음악가도 좋단다."
성적표는 미술 '가', 그리고 음악 '가'였다.

대머리 사장님

얼마 전에 만났던 한 기업체의 사장님.

그분은 윗머리가 훤하게 보이는 대머리였다. 이런저런 이야기를 나누는데 그분께서 머리를 만지며 말했다.

"하하, 저는 대머리라서 좋은 게 많아졌습니다."

궁금해 물었더니 이렇게 대답하신다.

"전 비가 와도 머리카락 빠질까 고민하지 않습니다. 그리고 수영장에서 수영모자도 필요 없고, 더구나 아내와 싸울 때 머리 잡힐 일도 없습니다. 하하하."

💡인간은 백 살을 살기 어렵건만 부질없이 천 년의 계획을 세운다.

_명심보감

마음을 잡는 일

생택쥐페리의 《어린왕자》에 이런 대목이 나온다.
"세상에서 가장 어려운 일이 뭔지 아니?"
"흠, 글쎄요. 돈 버는 일? 밥 먹는 일?"
"세상에서 가장 어려운 일은 사람이 사람의 마음을 얻는 일이야. 각각의 얼굴만큼 다양한 각양각색의 마음에는 순간에도 수만 가지의 생각이 떠오르는데 그 바람 같은 마음을 머물게 한다는 건 정말 어려운 일이야."

식당에서의 관심

식당에 가면 꼭 감사를 표현하는 친구가 있다. 식사를 끝내고 나오면서 메모지에 간단하게 써서 주방장에게 전하는 것이다.

"맛있게 먹었습니다." "최고였습니다."

💡 마음이 편안하면 초가집도 평온하고 성품이 안정되면 나물국도 향기롭다. _명심보감

강아지의 사망원인

 강아지 한 마리가 연구차 달에 보내졌다. 신나게 달을 돌아다니던 강아지는 3일째 되던 날 그만 죽고 말았다.
 과학자들은 강아지가 죽은 이유를 1년 만에 찾아냈다. 오줌을 못 싸 방광이 터진 것이 원인이었다. 전문가는 추가적으로 오줌을 못 싼 이유를 찾아냈다.
 '달에는 전봇대가 없어서.'

자는 곳

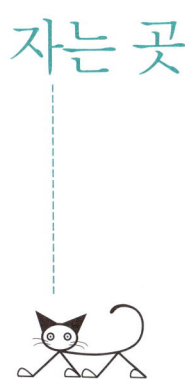

　평소 방탕한 생활을 하던 바람둥이 남편이 저 세상으로 갔다. 장례식에 참석한 많은 사람들이 미망인을 위로했다. 그런데 막상 미망인은 걱정거리가 없어졌다며 이렇게 말했다. 이제는 저 양반이 어디서 자는지 확실히 알 수 있으니까 매일 밤 걱정하지 않아도 되지요.

💡일을 만들면 일이 생기고, 일을 덜면 일이 줄어든다.　_명심보감

크레티앙의 긍정

캐나다의 전 총리 장 크레티앙은 1993년 이래 세 번의 총리를 지냈다. 그는 선천적으로 한쪽 귀가 멀고, 안면근육마비로 입이 비뚤어져 발음이 어눌했다.

그가 총리선거 유세를 할 때 한 사람이 외쳤다.

"아니, 한 나라의 총리가 언어장애가 있다는 것이 말이 됩니까?"

그러자 장 크레티앙은 웃으면서 단호하게 대답했다.

"하하하. 나는 말을 잘 못하기 때문에 거짓말도 못합니다."

💡『경행록』에 이르기를, "자기를 굽히는 자는 중요한 지위에 머무를 수 있고, 이기기를 좋아하는 자는 반드시 적을 만난다"고 하였다. _명심보감

넬슨 만델라의 즐김철학

독립운동을 하다가 26년 동안 감옥생활을 한 넬슨 만델라.
감옥에서 풀려났을 때 그는 매우 건강해 보였다.
기자들이 물었다.
"당신의 건강비법은 무엇입니까?"
넬슨 만델라는 대답했다.
"감옥에서 중노동을 나갈 때 나는 넓은 자연으로 나간다는 즐거움에 비록 몸은 힘들지만 일을 즐겼습니다. 그리고 남들은 감방에서 좌절과 분노를 삭였지만 나는 마음을 내려놓고 용서했습니다. 그랬더니 세상의 모든 즐거움이 저를 감쌌습니다."

아내의 긍정력

아내는 늘 자신은 일관성 있는 사람이라고 말한다.

중학교 1학년 때부터 지금까지 키 153cm를 그대로 유지하고 있기 때문이라나!

어느 날 아침. 욕실 앞 체중계 위에 올라선 아내가 깜짝 놀란 표정으로 말했다.

"여보, 이제 보니 나 지금도 열심히 성장하고 있나봐. 한 달에 1kg씩…. 호호호."

시계의 교훈

한 남자에게 오래되고 멋있는 벽시계가 있었다. 어느 날 남자는 무거운 추를 달고 움직이는 시계바늘을 보며 생각했다.

"오래된 시계바늘이 저렇게 무거운 추를 달고 있으면 얼마나 힘들까?"

그래서 곧바로 시계추를 떼어버렸다. 그러자 시계는 더 이상 움직이지 않았다.

💡 참고 또 참으며 경계하고 또 경계하라. 참지 못하고 경계하지 않으면 작은 일이 크게 일어난다. _명심보감

인간의 몫

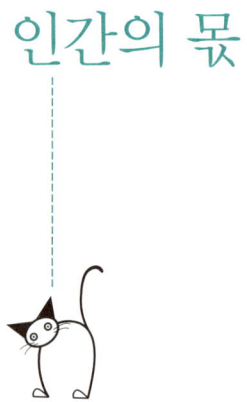

몇 년 전 한 모임에서 만났던 분이 자기 딸은 천둥과 번개 치는 것을 너무나 두려워했는데 이제는 천둥, 번개 치는 날을 좋아한다고 말했다.

신기해서 물었다.

"어떻게 했기에 아이들이 천둥과 번개를 좋아합니까? 사실 천둥 치면 저도 아직 무서운데…."

그러자 그분이 별거 아니라는 듯이 대답했다.

"별거 아닙니다. 천둥, 번개는 하나님께서 사람들을 위해서 쏘아주는 폭죽이라고 말했거든요. 이제는 천둥만 치면 폭죽이라고 좋아합니다."

💡 한때의 분한 것을 참으면 백일의 근심을 면할 수 있다. _명심보감

백화점의 지혜

제2차 세계대전 당시.
독일은 연일 영국의 런던을 폭격기로 공습했다.
어느 날 폭격으로 인해 한 백화점의 입구가 파괴되었다.
다음 날 백화점 입구에는 이런 문구가 붙었다.
"어제부터 백화점 입구를 확장했습니다."

엘리너 여사의 사랑

 미국 32대 대통령인 프랭클린 루즈벨트는 노후에 관절염에 걸려 어쩔 수 없이 휠체어 신세를 지게 되었다. 휠체어에 앉은 루즈벨트가 부인 엘리너 여사에게 농담을 던졌다.
 "몸이 불편한 나를 아직도 사랑하오?"
 그러자 그녀는 이렇게 대답했다.
 "나는 당신의 다리를 사랑한 것이 아니라 당신을 사랑했습니다."

💡모든 일에 인정을 남겨두면 뒷날 만났을 때 서로 좋은 낯으로 보게 된다. _명심보감

장미와 백합

한 세미나장에서 잠깐 쉬는 시간.

장미와 백합으로 예쁘게 된 꽃꽂이가 있기에 코를 들이대며 향기를 즐기고 있는데 옆에 있던 한 분이 묻는다.

"꽃을 좋아하시나 봐요? 저는 장미와 백합이 싫어요."

"아니, 왜요?" "장미는 너무 흔해서 싫고, 백합은 향기가 이상해서 싫어요."

그래서 내가 웃으면서 대답했다.

"저는 장미는 향기 때문에 좋고, 백합은 꽃이 크고 힘이 있어서 좋던데요. 하하하."

장미꽃과 호박꽃

늘 아름다움을 뽐내던 장미꽃이 호박꽃에게 말했다.
"야, 호박! 호박꽃도 꽃이냐?"
그러자 호박꽃이 대꾸했다.
"야, 그러는 넌 호박이라도 열리냐?"

💡『예기』에 말하기를, "옥은 다듬지 않으면 그릇이 되지 못하고, 사람은 배우지 않으면 의(義)를 알지 못한다"고 하였다. _명심보감

아주머니의 오타

한 아주머니가 문자 메시지 보내는 방법을 배웠다. 처음으로 남편에게 보내려고 하는데 좋은 문구가 생각나지 않았다. 몇 분 고민한 후 자신의 마음을 보내기로 했다.

"여보, 사랑해요."

하지만 남편은 그 문자 메시지를 받고 기겁했다.

문자 메시지의 내용은 이랬다.

"여보, 사망해요."

델마 톰슨의 변화

 미국의 델마 톰슨이라는 여성이 2차 세계대전 중에 남편을 따라 캘리포니아 주의 모하비 사막에서 살게 되었다. 그녀는 남편이 훈련에 나가면 종일 통나무집에서 46도가 넘는 무더위와 싸워야 하는 일상에 지쳤다.

 그녀는 아버지에게 편지를 보냈다. "아버지, 이곳은 창살 없는 감옥입니다. 도저히 살 수가 없어요. 차라리 형무소가 낫겠습니다."

 아버지로부터 답장이 왔다. 딱 두 줄로 된 짧은 편지였다.

 "감옥 문창살 사이로 밖을 바라보는 두 사람. 한 사람은 흙탕물을 보고, 한 사람은 반짝이는 별을 바라본다."

아내의 변신

매일 아침 아내에게 유머를 해준 지 얼마나 지났을까?

아침상을 준비하던 아내가 말했다. "오늘 밥은 물을 너무 부어서 밥이 조금 질다."

내가 대답했다.

"괜찮아. 장화 신고 들어가서 먹으면 되지, 하하."

또 언젠가는 밥에서 돌이 나왔다. 그래도 위트 있게 말했다.

"여보, 돌이 아직 안 익었네?"

그러자 아내가 웃으면서 대답했다.

"그래? 그럼 익은 돌만 골라 먹지 그래?"

💡 태공이 말하기를, "사람이 살아가면서 배우지 않으면 어둡고 어두운 밤길을 걸어가는 것과 같다"고 하였다. _명심보감

엄마닭의 대답

병아리가 엄마닭에게 물었다.
"엄마, 엄마는 왜 하늘을 못 날아?"
갑작스런 질문에 잠시 고민하던 엄마닭이 대답했다.
"응. 땅 위에 먹을 것이 많기 때문에 굳이 하늘을 날 필요가 없단다."

💡 한문공이 말하기를, "사람이 고금 성인들의 가르침에 통달하지 못하면 말과 소에 옷을 입힌 것과 같다"고 하였다. _명심보감

황당한 약속

한 국회의원 출마자가 악을 쓰며 선거유세를 하고 있었다.
"시민 여러분! 제가 국회의원이 되면 이 시에 다리를 만들겠습니다."
듣고 있던 한 시민이 말했다.
"그런데 우리 시에는 강이 없습니다."
그러자 출마자는 목소리를 높이며 더 크게 말했다.
"그럼 강부터 먼저 파겠습니다."

남자의 긍정

잘생기고 건강한 한 남자가 다리를 절뚝거리는 아가씨와 사랑에 빠졌다. 남자의 집안에서는 반대를 했다.

하지만 남자는 부모에게 이렇게 말했다.

"두 다리 모두 절지 않아서 감사하구요. 무엇보다도… 걸을 때만 다리를 접니다."

💡 『경행록』에 이르기를, "손님이 오지 않으면 집안이 저속해지고 시서(詩書)를 가르침이 없으면 자손이 어리석어진다"고 하였다. _명심보감

쓸데없는 고민

한 지인이 아파트 값이 떨어졌다고 걱정한다.

그분에게 물었다. "아파트 값 오를 때 혹시 걱정했나요? 이거 너무 올라서 걱정이라고요."

그러자 그런 일은 결코 없다는 표정으로 말한다.

"아뇨, 가격이 오르는데 그럴 리가 있나요?"

그래서 말했다.

"가격이 오를 때 걱정 안 했으면 가격이 내릴 때도 걱정할 자격이 없는 것 아닙니까? 너무 걱정하지 마세요."

안창호 선생님의 위트

도산 안창호 선생이 당시 최고의 학교인 배재학당에 입학할 때 면접을 봤다. 외국인 선교사가 물었다.

"어디에서 왔습니까?" "평양에서 왔습니다."

"평양이 여기서 얼마나 됩니까?" "8백 리쯤 됩니다."

"왜 평양에서 공부하지 않고 이렇게 먼 서울까지 왔습니까?"

그러자 대답만 하던 도산이 선교사에게 도리어 질문을 했다.

"질문이 있는데 미국은 서울에서 몇 리나 됩니까?"

"8만 리쯤 되지요."

"아니, 8만 리 밖에서도 가르쳐주러 왔는데 겨우 8백 리 거리를 찾아오지 못할 이유가 무엇이겠습니까?"

진정한 충성

한 남자가 강아지를 사러 가게에 들렀다.

"제일 충성스러운 강아지를 한 마리 사고 싶습니다."

그러자 아저씨가 강아지 한 마리를 건네주면서 말했다.

"이놈이 제일 충성스럽습니다. 4번이나 팔았는데, 4번 다 돌아왔습니다."

💡 장자가 말하기를, "일이 비록 작더라도 하지 않으면 이루지 못할 것이요, 자식이 비록 어질지라도 가르치지 않으면 현명하지 못하다"고 하였다. _명심보감

되는 이유

한 면접관이 고개를 저으며 지원자에게 말했다.
"당신은 종교학을 전공했군요. 그런데 당신이 근무할 영업부서에서는 주로 영업을 해야 하는데 고객들에게 거짓말도 못할 거 아닙니까?"
그러자 지원자가 웃으면서 대답했다.
"하하하. 그렇게 생각하실 수도 있지만 고객의 입장에서 보면 이렇게도 생각할 수 있겠죠. '이 사람은 종교학을 공부했으니 설마 거짓말은 안 할 거야.' 라고요."

두 직원의 바라봄

한 신발회사에서 두 영업사원을 아프리카로 시장조사를 보냈다. 먼저 돌아온 직원이 말했다.

"그곳에는 신발을 신은 사람이 한 명도 없어서 신발을 팔 수가 없습니다."

나중에 돌아온 직원도 보고했다.

"그곳에는 신발을 신은 사람이 한 명도 없어서 앞으로 신발을 엄청나게 팔 수 있겠습니다."

💡 지극한 즐거움은 독서만한 것이 없고, 지극히 중요한 것은 자식을 가르치는 것 만한 것이 없다. _명심보감

바로 지금

한 교회의 예배시간. 한 성도가 갑자기 신발 한 짝을 벗고 양말을 벗는 것이 아닌가! 양말을 벗자 주위 사람들의 시선이 모아지고 여기저기서 웃기 시작했다. 그러자 목사님이 잠시 설교를 멈추고 왜 신발을 벗었는지 물었다.

"네, 목사님. 방금 전에야 양말 한쪽을 뒤집어 신었다는 것을 알았습니다."

그 말을 들은 목사는 점잖게 말했다.

"별로 큰일도 아닌데 예배가 끝난 후에 바꿔 신을 수 있었잖아요."

그러자 그 남자가 웃으면서 대답했다.

"잘못된 것이 있으면 당장 고치라고 성경에 나와 있지 않습니까?"

건망증

한 할아버지가 택시를 탔다. 얼마 가다가 뒷좌석에 탄 할아버지가 택시기사에게 물었다.
"기사양반, 내가 어디 가자고 했지요?"
택시기사가 뒤를 돌아보며 한마디 한다.
"깜짝이야. 그런데 손님! 언제 타셨어요?"

💡엄한 아버지는 효자를 길러내고, 엄한 어머니는 효녀를 길러 낸다.

_명심보감

아내의 잔소리

토요일, TV를 시청하고 있는데 주방 청소를 마친 아내가 잔소리를 했다.

아내 : 집에만 있으면 늘 TV만 끼고 사는 당신이 집에서 잘하는 게 뭐가 있어?

남편 : 딱 하나 잘한 거 있어!

아내 : 뭔데?

남편 : 당신과 결혼한 거.

💡아이를 어여삐 여기거든 매를 많이 주고, 아이를 미워하거든 밥을 많이 주라. _명심보감

클레망소의 대답

프랑스의 정치가인 클레망소에게 한 신문기자가 물었다.
"지금까지 만나본 정치가 중에서 최악의 정치가는 누구입니까?"
클레망소는 웃으면서 말했다.
"하하, 아직까지 만나보지 못했습니다."
궁금한 기자가 정말이냐고 물었다.
그러자 클레망소가 대답했다.
"그럼요. 저 사람이 최악이다, 싶은 순간 꼭 또 다른 사람이 나타나더군요."

카네기의 위기관리

한 여자가 카네기에게 참을 수 없는 욕과 저주를 퍼부었다.

그런데 카네기는 그저 온화한 미소를 지으며 조용히 듣고만 있는 것이 아닌가!

옆에 있던 친구가 물었다.

"이 친구, 이런 말을 듣고도 참을 수 있다니 대단하네. 비결이 뭔가?"

그러자 카네기가 대답했다. "이 여자가 내 아내가 아니라는 것이 얼마나 고마운지, 그것을 생각하고 있었다네."

귀여움의 원인

예쁜 꼬마 여자아이가 놀고 있었다.
"우와, 예쁜 아가씨. 참 귀엽고 예쁘네. 누굴 닮아서 이렇게 예쁠까? 엄마를 닮았나, 아빠를 닮았나?"
그러자 꼬마 아가씨의 뒤집어지는 대답.
"아무도 안 닮아서 예쁘대요."

💡 다른 사람들은 모두 귀중한 주옥을 사랑하지만, 나는 자손들의 어진 것을 사랑한다. _명심보감

아내의 긍정 한마디

며칠 전 아내가 말했습니다.
"생활비가 지난달보다 두 배 가까이 나온 것 같아…."
그 말에 제가 말했습니다.
"정말 큰일이네. 앞으로 어떻게 살아가야 될지…. 큰일이야."
그러나 아내의 한마디에 전 찍소리도 못했습니다.
"다 살아 있으니깐 내는 거야."

💡 인간을 위대하게 하거나 비참하게 만드는 것은 그 사람의 꿈에 달려있다. _쉴러(독일의 대표적 극작가)

칭찬능력

어느 날 아침, 옷을 입고 출근하는데 아내가 말한다.
"우와, 이 양복 정말 잘 어울리는데…."
그래서 내가 웃으면서 대답했다.
"하하하, 당신이 골라준 거잖아."
습관적으로 아내의 스쳐가는 칭찬에 유머로 반응한다.
"넥타이 참 멋있어요."
"당신의 눈이 명품이기 때문이지. 하하."

소금과 설탕

소금이 설탕에게 말했다.
"넌 튼튼한 이를 썩게 만들고 비만과 당뇨의 앞잡이야!"
그러자 설탕 왈…
"근데 너 개미 모아본 적 있어?"

💡실패하는 것이 싫어서 도망치는 자는 패배자다. 실패를 무릅쓰고 부딪치는 것이 중요하다. _기타지마 오리에(전 대일본인쇄회장)

할머니의 지팡이

허리를 심하게 꾸부린 한 할머니가 병원을 찾았다. 그런데 단 몇 분 만에 허리를 펴고 나오는 것이 아닌가!
대기실에서 기다리던 아들이 깜짝 놀라서 물었다.
"아니, 어머니. 어떻게 된 거예요?"
그러자 할머니가 웃으면서 대답했다.
"응. 의사가 긴 지팡이를 주더구나!"

다윗의 도전

골리앗 앞에 이스라엘군이 대적했다. 모든 병사들이 걱정을 했다.

"저렇게 거대한 자를 어떻게 죽일 수 있을까?"

하지만 다윗은 이렇게 말했다.

"저렇게 크니 절대 빗맞을 일은 없겠군. 오히려 큰 것이 감사하구만."

다른 해석

한 부부가 대화를 하고 있었다. 아내가 말했다.

"우리 아이들은 늘 번잡하고 시끄러워. 아이들의 미래가 걱정이야."

남편이 피식 웃으면서 대답했다.

"그래도 아이들이 의사소통도 잘되고 즐겁게 놀 줄 아는 걸 보니 인생을 멋있게 살 것 같아. 하하."

💡성공이란 무엇인가? 그것은 원대한 꿈의 또 다른 이름이다.

_에머슨(미국의 사상가 · 시인)

아버지의 직업

선생님이 아이들의 가정환경조사를 하기 위해 한 아이에게 아버지의 직업을 물었다.

아이 : 교도소에 계시는데요.

깜짝 놀란 선생님이 약간 걱정되는 표정으로 말을 이었다.

선생님 : 아니, 어떻게 해서 교도소에 들어가게 되셨니?

그러자 아이가 고개를 갸웃거리며 말했다.

"시험 봐서 들어가셨는데요."

💡 실패에 달인은 없다. 누구나 실패하기 전에는 보통사람에 불과하다.

_이치조(러시아의 국민적 시인)

chapter 04

유머

냉소는 건강하지 못한 유머다. -웰스(소설가)

능숙한 유머는 사교적 모임을 위해 입을 수 있는 가장 좋은 옷의 하나라고 말할 수 있다. -새커리(작가)

'무의식적 유머'라는 용어는 오늘날의 문학에 내가 기여한 것 가운데 하나다. -버틀러(문학자)

사람은 누구나 한때 익살꾼이 되고 싶다는 야망이 있다.
-사무엘 존슨(시인)

시인과 작가에게는 재치보다 유머가 더 낫다. 유머는 그들이 미치지 않도록 보호해주는 수호신이다. -윌리엄 스콧(법률가)

영국은 개인주의, 엉뚱한 행동, 이단, 비정상, 취미, 유머의 천국이다. **산타야나(작가)**

유머가 전혀 없다면 삶은 불가능하다. **콜레트(소설가)**

유머감각을 갖는 데는 돈이 들지 않는다. 그러나 유머감각을 갖지 못함으로써 많은 비용을 초래할 수 있다. 특히 직장에서 유머를 나누면 생산성이 증대한다. **밥 로스(화가)**

유머감각이 없는 사람은 스프링이 없는 마차와 같다. 길 위의 모든 조약돌 마다 삐걱거린다. **헨리 비처(작가)**

유머 감각이 없는 사람의 두뇌는 결코 명석할 리가 없다. **사무엘 콜리지(시인)**

유머는 누구나 흔히 남용하는 약이다. **-길버트 경(극작가)**

유머는 시적 천재의 가장 훌륭한 완성이라고 보아야 마땅하다. **-칼라일(역사가)**

유머는 외국어로 번역하면 제일 먼저 죽어버리는 재능이다.
-버지니아 울프(소설가)

유머는 인간 존엄성의 긍정이며 닥치는 모든 것보다 자신이 우월하다는 것의 선언이다. **-가리(소설가)**

유머는 일부러 만들려고 하면 결코 되지 않고 자기도 모르는 사이에 생기는 것이다. **-스위프트(작가)**

유머란 오직 인간만이 가질 수 있는 신성한 능력이다.
-융(심리학자)

chapter 05

가을의 유머

치어리더

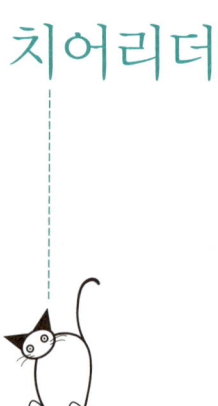

미국 대통령이었던 레이건은 1981년 헝클리로부터 저격을 받았다. 병원에 실려가던 레이건의 한마디.

"내가 영화배우였다면 잘 피할 수 있었을 텐데…."

그는 유머러스한 이 한마디에 국민들의 마음을 얻어 83%까지 지지율이 상승했다.

하지만 다음해인 1982년, 30%까지 지지율이 떨어져 보좌관들이 온갖 걱정을 할 때 레이건이 한마디 했다.

"걱정하지 말게나. 그까짓 지지율, 다시 한 번 총 맞으면 될 것 아닌가?"

오스카 와일드의 성공

유명한 극작가인 오스카 와일드는 작품을 무대에 올릴 때마다 혹평을 받고 실패했다. 한 관객이 야유를 퍼붓자 오스카 와일드의 친구가 위로했다.

"또 실패했군. 그래도 힘내게."

그러자 오스카 와일드가 고개를 저으며 말했다.

"내 작품에는 문제가 없다네. 실패한 건 관객이지."

💡쓰러지면 일어나야 한다. 아기도 쓰러지면 금방 다시 일어나려고 한다. _마쓰시타 고노스

개 꼬리

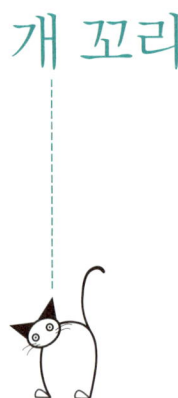

호랑이와 개가 카드게임을 했는데 늘 호랑이가 이기고 개는 한 번도 이기지 못했다.

호랑이의 비법이 궁금한 개가 물었다.

"호랑이야, 넌 어떻게 하기에 늘 이기니?"

그러자 호랑이가 대답했다.

"응, 별거 아냐. 넌 카드가 잘 들어오면 본능적으로 꼬리를 흔들잖아."

💡실수를 전혀 하지 않는 사람은 아무것도 하지 않은 사람뿐이다.

_롤랑(프랑스의 소설가)

유명한 적수

영국의 디즈레일리와 글래드스턴은 역사상 가장 유명한 정치적 적수였다. 어느 날 두 사람이 선거법 개정 문제로 첨예하게 싸우고 있을 때 한 기자가 디즈레일리에게 짓궂은 질문을 했다.

"글래드스턴이 템스 강에 빠져 죽는다면 어떻겠습니까?"

그러자 디즈레일리가 대답했다.

"우리 당에는 경사겠지만, 대영제국에게는 불행입니다. 그는 너무나도 뛰어난 사람이기 때문입니다."

오타의 교훈

나의 두 번째 책이 나왔을 때 바쁜 일정 때문에 미처 원고의 교정 마무리를 제대로 하지 못했다. 책이 출간되었을 때 여러 개의 오타를 발견하고는 짜증스럽게 말했다.

"에이, 짜증 나. 이런 오타는 전적으로 출판사의 책임이야. 이렇게 멋진 책에 오타라니…. 에이! 참!"

그러자 아내가 격려하며 말했다.

"자기야. 이렇게 멋있고 완벽한 책에 그까짓 오타 몇 개 가지고 왜 그래?"

💡 한번에 성공할 수 없다면 다시 한 번 도전하라! _드러커(미국의 경영학자)

아이젠하워의 위트

　아이젠하워 대통령이 한 행사에서 연설을 끝낸 후 연단을 내려오다가 넘어졌다.
　하지만 아무렇지도 않게 일어서면서 말했다.
　"여러분이 즐거우시다면 한 번 더 넘어질 수 있습니다."

여고생의 웃음

여고생과 여대생이 아프리카로 무전여행을 갔다가 그만 무서운 식인종에게 잡혔다. 둘은 양념이 잘된 식인종의 국솥 속으로 알몸으로 들어가게 되었다.

그런데 이런 긴박하고 무서운 상황에서 여고생이 자꾸 킥킥 웃는 것이 아닌가! 여대생이 물었다.

"야, 너 제정신이니? 이런 판국에 웃음이 나와?"

그러자 여고생이 자지러지게 웃으면서 대답했다.

"언니, 있잖아, 나 지금 국 속에다 쉬했다!"

엄마의 머리카락

아이가 아침을 먹다가 아빠의 머리를 불쌍하게 쳐다보더니 엄마에게 묻는다.

"엄마, 왜 아빠는 머리카락이 조금 밖에 없어?"

"그건, 아빠가 생각을 너무 많이 해서 그런 거야."

아이가 이번에는 엄마의 머리를 한심하게 쳐다보더니 묻는다.

"그런데 엄마, 엄마는 왜 머리카락이 그렇게 많아?"

💡나의 현재가 성공이라면, 나의 과거는 모든 실패가 밑거름이 된 것이다. _혼다 소이치로(혼다기연공업 창업자)

부자의 기도

재산을 너무나 아끼는 한 부자가 항상 이렇게 기도했다.
"하나님, 제가 죽으면 저의 재산을 가지고 갈 수 있도록 해주세요."
끊임없는 기도에 하나님께서 허락하셨다.
"그럼 네 재산을 모두 황금으로 바꿔오너라."
부자는 모든 재산을 황금으로 바꾸고 나서 죽게 되었다. 그가 황금을 짊어지고 천국 문 앞에 섰는데 심판관이 부자의 황금을 보고 말했다.
"아니, 무슨 도로포장용 재료를 이렇게나 많이 가지고 오셨나요?"

남편의 배짱

퇴근하고 집으로 돌아온 남편이 부인에게 말했다.
"여보, 좋은 소식과 나쁜 소식이 있어."
"좋은 소식부터 얘기해 줘요."
"나 오늘 1억 원 생겼어."
"정말이에요? 그럼 나쁜 소식은요?"
"응, 그 돈 퇴직금이야."

💡 인간의 강한 습관과 기호를 바꿀 수 있는 것은 더욱 강한 욕망뿐이다.

_맨더빌(영국의 여행가)

앵무새의 실언

한 아주머니가 슈퍼에 갔다. 슈퍼에는 앵무새가 한 마리 있었는데 아주머니를 보자 말했다.
"아줌마, 무지하게 못생겼다. 못생겼다."
아주머니가 다음 날에도 슈퍼에 갔는데 앵무새가 또 말했다.
"아줌마, 되게 못생겼네."
화가 난 아주머니가 슈퍼주인에게 따졌다.
다음 날 주인에게 교육을 받은 앵무새는 그 아줌마를 보자마자 한마디 했다.
"아줌마, 말 안 해도 알지?"

여학생의 잔꾀

한 여학생이 늘 좋은 옷과 화장품으로 치장하느라 모든 용돈을 다 투자했다. 친구가 말했다.

"야, 나 같으면 화장품에 투자하느니 맛있는 거 사먹고, 좋은데 놀러 다니겠다."

그러자 멋쟁이 여학생이 깔깔깔 웃으면서 대답했다.

"몰라도 너무 모르는구나. 예쁘게 꾸며 입으면 남자들이 맛있는 것도 사주고, 좋은 데도 데려가 주는 거 몰라?"

💡 기초가 탄탄한 사람에게는 반드시 기회가 온다.

_미무라 요헤이(미쓰비시상사 상담역)

부부의 이혼

한 부부가 이혼을 하려고 재판정에 섰다. 판사가 이혼 후에 아이는 누가 키우느냐고 물었다. 먼저 아내가 대답했다.

"제가 10개월 동안이나 뱃속에서 아이를 키웠으니 당연히 제가 키울 겁니다."

이번에는 남편이 대답했다.

"판사님, 제가 동전을 넣어 자판기에서 음료수를 꺼냈습니다. 그럼 이 음료수가 자판기 것입니까? 아니면 제 것입니까?"

💡 고생에는 나름대로의 기쁨이 있다. 위험에도 역시 나름대로의 매력이 있다. _볼테르(프랑스의 사상가)

케네디의 러닝메이트

존 F. 케네디 대통령의 취임식 만찬장에서 한 기자가 케네디에게 물었다.

"젊으신 케네디 후보께서 왜 나이 많은 존슨을 러닝메이트로 선택하셨습니까?"

그러자 케네디가 대수롭지 않게 대답했다.

"아, 별건 아닙니다. 제가 아직도 콧물을 질질 흘릴 만큼 어리고 또 나이 많은 보호자가 없으면 비행기도 타지 못할 것 같아 존슨을 택했습니다. 뭐 문제 될 건 없잖아요. 하하."

마음의 여유

평소 아는 분이 비싼 외제차를 구입했다. 두 달 정도 지난 어느 날 우연히 차를 봤는데 여기저기에 긁힌 상처가 보였다.

"완전 새 차인데 상처가 나서 어떡해요?"

걱정스러운 표정으로 말하자 그분이 웃으면서 대답했다.

"괜찮아. 처음 차를 샀을 때는 너무 깨끗해서 누가 훔쳐갈까 봐 걱정했는데 이젠 차에 적당히 상처가 나니 오히려 마음이 편해. 하하하."

💡 인내에 따라 장래의 성공은 달라진다. 오랫동안 인내할 수 없는 사람은 희망을 잃고 만다. _러스킨(영국의 비평가)

실패의 풍자

한 기자가 네 번째 대선에 나선 김대중 전 대통령에게 물었다.

"3번이나 실패했는데 또 나오시다니 대단하십니다."

그러자 김대중 전 대통령이 말했다.

"허허, 이 사람아. 칠전팔기라는 말도 있는데 4번째야 시작이지. 난 준비된 대통령이 될 거야! 하하."

강도의 어리석음

한 강도가 은행을 털기 위해 잠입했지만 결국 경찰에 포위당하고 말았다. 포위를 뚫고 나가기 위해 은행원들을 인질로 잡자 경찰이 협상을 요구했다.

"인질을 풀어주면 원하는 것을 다 주겠다. 진정 원하는 게 뭐냐?"

그러자 강도가 말했다.

"초… 총알을 달라."

💡 참을 수 없는 일을 참아냈을 때는 그 일을 생각할 때마다 유쾌해진다.

_세네카(로마의 철학자)

판사의 판단

 어느 아파트 부녀회에서 돈 문제로 한 여성이 기소되어 재판이 진행되는데 방청객으로 참석한 여성들이 너무 시끄러웠다.
 재판을 진행하기 어려울 정도로 소란스럽자 판사가 장내 질서를 바로잡고자 한마디 했다.
 "법정에서는 조용히 해 주세요."
 아무도 듣지 않고 계속해서 잡담을 하자 판사가 한마디 더 했다.
 "여기는 법정입니다. 너무 시끄러우니 나이가 많은 사람부터 한마디씩 해보세요."

엄마의 긍정태도

한 아이가 시험을 보다가 연필을 떨어뜨렸다. 시험이 끝나고 집에 돌아온 아이가 울면서 말했다. "연필이 떨어져서 이번 시험에 떨어질 것 같아…."

그러자 엄마가 말했다.

"잘됐구나. 연필이 떨어져 바닥에 붙었기 때문에 넌 반드시 이번 시험에 붙을 거야. 걱정 마."

최고의 조언

옥스퍼드 대학에 입학한 학생들이 유명한 루드야드 키플링으로부터 조언을 들으려고 50파운드를 보내며 부탁했다.
"선생님의 가장 좋은 말씀 한마디를 보내 주세요."
얼마 후 드디어 루드야드가 추천한 좋은 단어가 돌아왔다.
"땡큐!"

💡 절망은 자신의 성공을 가로막고 마음의 평안까지도 흐트러뜨린다.

_노구치 히데요(세균학자 · 의학자)

아인슈타인의 기차표

아인슈타인이 기차를 탔다. 차장이 검표를 시작하는데 아무리 뒤져봐도 차표를 찾을 수가 없었다.

차장이 보니 당대최고의 과학자인 아인슈타인이 아닌가?

그래서 차표를 찾고 있는 아인슈타인에게 괜찮다고 말했다.

하지만 아인슈타인은 당황하며 말했다.

"아니, 차장양반! 당신이야 괜찮지만 나에게는 너무나도 필요한 기차표일세. 차표가 있어야 내가 어디까지 가는지 알 수 있을 것 아닌가?"

💡방해가 크면 클수록 욕망은 커진다. _라퐁텐(프랑스의 대표적인 우화작가)

비 오는 날의 행복

한 할아버지가 아들 때문에 불평을 하자 사람들이 그 이유를 물었다.

"나에게는 두 아들이 있는데 큰아들은 소금장수고, 작은아들은 우산장수라오. 그런데 오늘같이 비가 오는 날에는 큰아들이 걱정이고, 날씨가 좋은 날에는 우산장사하는 놈이 걱정된다오."

그러자 한 사람이 말했다.

"할아버지는 참 복도 많으십니다. 날이 좋으면 큰아들의 소금장사가 잘될 것이고, 비가 오면 우산장사 하는 아들이 잘될 것이니 참 부럽습니다."

꼬마의 비전

한 꼬마가 엄마와 함께 시장에 들렀다. 땅콩가게 앞을 들렀는데 주인아저씨가 말했다.

"참 귀엽네. 꼬마야, 땅콩 한 줌 집어먹어라."

하지만 꼬마는 가만히 듣고만 있었다.

"괜찮아. 한 줌 집어먹어도 괜찮다니까."

이번에도 가만히 있자 아저씨가 한 줌을 집어서 꼬마의 호주머니에 넣어주었다.

돌아오는 길에 엄마가 왜 땅콩을 집지 않았느냐고 묻자 꼬마가 웃으면서 말했다.

"나도 집고 싶었는데, 내 손보다 아저씨 손이 더 크잖아."

💡 어떠한 교육도 역경보다 못하다. _벤자민 디즈렐리(영국의 정치가·작가)

소방수의 용기

 시골 농장에 불이 나자 주인이 재빨리 소방서에 신고했다. 잠시 후 낡고 허름한 소방차가 도착해서는 겁도 없이 불길로 휩싸인 농장 한가운데로 달려 들어가서는 멈추는 것이었다.
 불길 속에서 뛰어내린 소방수는 미친듯이 물을 뿌리기 시작했다.
 그 용기에 감동한 농장주는 소방수에게 500달러를 내놓았다. 이를 취재하러왔던 기자들이 그 소방수에게 물었다.
 "정말 용감하군요. 기증받은 돈은 어디에 사용할 건가요?" 그러자 소방수가 씩씩거리며 화난 표정으로 말했다. "우선 이 고물 소방차의 브레이크부터 고칠 겁니다."

위트 있는 공격

오랫동안 영업을 하고 있던 한 미용실 바로 옆에 새로운 미용실이 들어섰다. 그런데 그 미용실의 광고 문구가 도발적이었다.

"저희는 50% 할인된 단돈 5,000원에 깎아드립니다."

다음 날 오래된 미용실의 창문에 위트 있는 문구가 걸렸다.

"저희 가게에서는 5,000원짜리 머리를 더 멋지게 해드립니다."

💡 기회가 없다면 뛰어난 능력도 허사다. 우선 고려해야 할 사항을 비교 검토하라. 그리고 위험에 도전하라. _헬무트 몰트케(독일 군인)

질문의 차이

두 자매가 싸웠다.

언니 : 네가 내 우유 먹었지?

동생 : 아냐, 난 안 먹었어.

동생이 거짓말을 하고 있다고 확신한 언니가 작전을 바꿔 다시 물었다.

언니 : 우유 맛있었지?

동생 : 응.

기관사의 위트

　기차엔진이 고장 나서 기관사가 승객들에게 긴급 안내방송을 했다.
　"승객 여러분, 지금 저희 기차는 나쁜 소식과 좋은 소식을 만났습니다. 먼저 나쁜 소식은 저희 기차의 엔진이 고장 나서 2시간 정도 연착한다는 것입니다. 그리고 좋은 소식은 저와 여러분이 비행기가 아니라 기차를 타고 있다는 사실입니다."

아인슈타인의 그릇

이스라엘 국회는 세계적인 과학자이면서 유태인인 아인슈타인을 초대 대통령으로 선임했다.

이 소식을 접한 아인슈타인은 정중하게 이를 사양했다.

"대통령을 할 만한 인물은 많습니다. 하지만 물리학을 가르칠 학자는 그리 많지 않습니다. 이것이 제가 대통령을 맡을 수 없는 이유입니다."

💡 인간은 희망과 절망에 따라 위험에 도전한다.

_아우구스티누스(철학자 · 사상가)

비난에 대한 현명한 대처

한 기자가 영화배우인 모건 프리먼에게 물었다.
"누군가 당신을 깜둥이라고 욕한다면 당신은 어떻게 하시겠습니까?"
그러자 모건 프리먼이 웃으면서 대답했다.
"그건 무례한 그 사람의 문제이지. 제 문제는 아닙니다. 하하하."

감자와 고구마

감자와 고구마가 걷고 있었다.
마침 얼굴이 희고 고운 찹쌀떡이 옆으로 지나갔다.
감자가 감탄했다.
"우와, 예쁘다. 피부가 백옥 같다."
그러자 고구마가 톡 쏘았다. "흥, 저거 화장발이야."

신념은 행동에 나타난 굳은 의지다. _호일러(미국의 판매 지도자)

브라이언 트레이시의 성공

미국 최고의 동기부여 전문가인 브라이언 트레이시가 2004년 한국에 와서 했던 강의에서 큰 감동을 받았다.

그의 성공에는 역시 절대긍정의 태도가 있었다.

그는 말한다.

"항상 긍정적이 되세요. 집이 불타면 '아, 잘됐다. 그동안 회사하고 거리가 멀었는데….' 자동차 사고가 나면 '아, 잘됐다. 새로 하나 사려고 했는데….' 실직하면 '아, 잘됐다. 어차피 그만 두려고 했는데….'"

💡 신념은 장년과 노년의 가슴에 서서히 자라나는 식물이다. 청춘은 망신의 계절이다. _피트(영국의 정치가)

9,000가지의 선택

 미첼이라는 남자가 오토바이 사고로 화상을 입어 얼굴을 알아볼 수 없게 되었다. 4년 후 이번에는 비행기 사고로 하반신 마비가 되었다.

 하지만 이후 그는 백만장자가 되었고, 유명한 연설가가 되어 많은 사람들에게 삶의 희망을 주었다. 그는 늘 말했다.

 "내게 불행이 닥쳐오기 전까지 내가 할 수 있었던 일을 10,000가지였다. 장애인이 되면서 내가 할 수 있는 일은 9,000가지로 줄었다. 할 수 없게 된 1,000가지 일을 슬퍼하면서 고통 속에 살든지, 아니면 나에게 남아있는 9,000가지 일을 하며 살든지 두 가지 중에 하나를 선택해야 했다. 결국 나는 내게 남은 9,000가지를 선택해서 최선을 다했다."

아내의 키

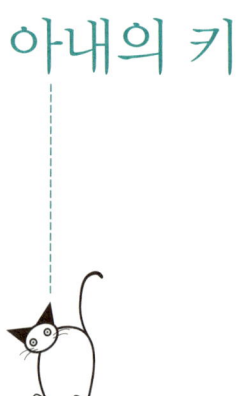

153cm의 다소 작은 키임에도 불구하고 아내는 늘 이렇게 말해왔다.

"나는 작은 것이 아니다. 남들이 키가 큰 것이다."

그러던 아내가 어느 날부터 작전을 바꿨는지 이렇게 말한다.

"나는 키가 크다. 호호호, 그리고 당신은 나보다 더 클 뿐이야!"

💡 굳은 신념을 가진 사람은 불경기일 때 돈을 더 많이 번다.

_마쓰시타 고노스케

아주머니의 이혼사유

한 부부가 이혼소송을 위해 법정에 섰다. 판사가 물었다.
"아주머니, 이혼하려는 이유가 뭐죠? 간단히 말씀해주세요."
"네. 제가 남편과 만난 것은 대학교 2학년 때…."
"아니, 그 이야기 말고요. 이혼 사유가 성격차이입니까?"
"대학교 2학년 때 만났는데 그때 남편은 참 잘생겼어요…"
화가 난 판사가 버럭 소리를 지르며 말했다.
"묻는 질문에만 짧게 대답해주세요. 이혼 사유가 뭡니까?"
그러자 아주머니 왈.
"아, 이혼 사유요? 남편하고는 도대체 말이 안 통해요."

아이의 창의력

초등학교 산수 시간에 선생님이 한 학생에게 물었다.

"만일 내가 너한테 토끼를 두 마리 주고, 또 세 마리를 주었다면 너는 몇 마리의 토끼를 가지고 있게 될까?"

학생이 여유 있게 대답했다.

"일곱 마리요."

"다섯 마리지, 왜 일곱 마리니?"

그러자 학생이 대답했다.

"우리 집에 두 마리가 더 있거든요."

💡 인생이란 희망만 잃지 않으면 완전히 사라져버리는 것은 아니다.

_이치무라 기요시(리코·상아이그룹창시자)

하나님의 대책

한 젊은이가 추운 날 길을 걷고 있었다. 마침 한 소녀가 구걸을 하는데 옷도 헤어졌고 밥 한 끼도 못 먹고 오들오들 떨고 있었다. 그는 갑자기 화가 치밀어 하나님께 외쳤다.

"하나님! 왜 이런 걸 보고만 계십니까? 대책을 세워 주세요."

잠시 후 응답이 들렸다.

"나는 대책을 세웠노라. 내가 너를 만들었고 또 너를 그곳에 보내지 않았느냐?"

엄마의 한마디

개구쟁이 아들의 심한 장난에 화가 난 엄마가 야단을 쳤다.
"내가 너 때문에 속이 다 썩는다. 정말 너 때문에 엄마가 늙는다, 늙어!"
그러자 아들이 웃으며 말했다.
"엄마는 할머니 속을 얼마나 썩였기에 저렇게 늙으셨어요?"

💡 희망은 사람을 성공으로 이끄는 신앙이다. 희망이 없으면 성공할 수 없다." _헬렌 켈러(미국의 교육가 · 사회사업가)

웹스터의 자신감

웹스터 사전을 만든 다니엘 웹스터는 언론인이면서 미국 국무장관까지 지낸 입지전적인 인물이었다.

그는 법대를 졸업하고 변호사를 꿈꾸었지만 주변에서는 변호사가 너무 많아 비전이 없고, 성공하려면 좋은 집안 출신이어야 한다고 말하면서 극구 만류했다.

하지만 그는 늘 이렇게 말하며 자신의 길을 묵묵히 걸어서 성공을 이뤄냈다.

"그래도 맨 위에는 늘 자리가 남아 있는 법이다."

슈바이처의 모자

슈바이처는 모자 하나를 40년 동안 쓰고 다녔다. 그리고 같은 넥타이를 20년 동안이나 매고 다녔다.

어느 날 슈바이처의 한 친구가 자신도 절약하면서 사는 편이지만 그래도 넥타이가 10개쯤 있다고 말했다.

그러자 슈바이처가 대답했다.

"아니, 목 하나에 넥타이가 열 개나 필요하단 말이야?"

💡 자신의 처지에 어울리는 재능과 인격을 갖추어야만 한다.

_후쿠자와 유키치(교육가 · 사상가)

여성의 이상형

아직 미혼인 한 여성이 네이버 지식인에 이상형의 남자를 구한다는 글을 올렸다.

"우울할 때는 풍부한 유머감각으로 웃겨주고, 심오한 지식을 갖춘 지성미로 지적 욕구를 채워주며, 언제나 아이들과 친구가 되어 잘 놀아주며, 휴일엔 가족과 함께 즐거움을 베풀며, 나를 백설공주처럼 떠받들어주며, 풍부한 재력으로 궁궐 같은 집을 선사해주며, 늘 감동을 주고 감탄해주는 그런 이상형 없나요?"

몇 분 후에 답변이 올라왔다.

"TV를 한 대 사시오."

얼굴촛불

한 사람이 하나님에게 말했다.
"코끼리는 힘이 있고 사자는 용맹한데 저는 그렇지 않습니다. 너무 불공평합니다."
그러자 하나님이 말씀하셨다.
"그래서 너에게는 웃음을 주지 않았느냐!"

버스운전사의 재치

버스 정류장에서 버스가 오랫동안 대기를 하자 화난 승객이 말했다.

"이놈의 똥차 언제 갈 거야?"

순식간에 버스 안 분위기가 살벌해졌는데 버스운전사가 느긋하게 대답했다.

"똥이 다 차야 가지요."

💡 인간의 능력에 커다란 차이는 없다. 있다면 그것은 근성의 차이다.

_도코 토시오(전경제단체연합회장)

엄마의 사랑

매일 덜렁대는 엄마가 냉장고에 반찬 그릇을 넣다가 김치통을 엎었다. 평소에 엄마를 우습게 보던 아들이 이 광경을 보고 말했다.

"엄마! 엄마는 뭐 하나 제대로 하는 게 없어. 제대로 좀 해봐."

그러자 엄마는 웃으면서 대답했다.

"그래도 제대로 한 일도 있어. 엄마는 널 낳았잖아."

손가락들의 자랑

손가락들이 서로 자기 자랑을 하고 있었다.
엄지 : 내가 힘이 제일 세다는 거 너희들도 알지?
검지 : 나는 뭐든지 지시를 잘한다는 거 너희들도 알지?
중지 : 뭐니 뭐니 해도 내가 제일 키 큰 거 알지?
약지 : 결혼반지 낄 때 내 손가락에 끼운다는 거 알지?
마지막으로 새끼손가락이 조용히 말했다.
"야! 너희들 모두 내가 없으면 병신이라는 거 알지?"

💡 재능이란 자기 자신의 힘을 믿는 것이다. _고리키(러시아의 작가)

도둑의 변명

한 도둑이 잡혔다.
경찰 : 당신은 절도죄요.
도둑 : 참, 어이없네. 난 그냥 새끼줄을 주웠을 뿐이오.
경찰 : 새끼줄 끝에 뭐가 달린 줄 아시오?
도둑 : 나중에야 소가 매달려 있다는 것을 알았소.

💡 흩어진 정보를 하나로 모아보면 거대한 의미를 가진다.

_콜비(미국의 전CIA장관)

케네디의 겸손

존 F. 케네디가 대통령이 되기 전 상원의원 시절에 한 초등학생이 질문을 했다.

"케네디 의원님은 어떻게 해서 2차 세계대전에서 전쟁영웅이 될 수 있었습니까?"

그러자 환한 미소를 지으며 케네디가 말했다.

"별건 없어요. 적들이 내가 탄 군함을 격침시켰기 때문이지요."

먼저 웃자

손님 : 웨이터, 이 가재는 왜 발이 하나밖에 없지요?
웨이터 : 손님, 그 녀석이 싸운 것 같은데요.
손님 : 하하하, 그래요? 그러면 이긴 녀석으로 가져와요.

💡유익한 정보를 얻고 싶다면 자신이 먼저 상대에게 정보를 주어라.

_노무라 류타로(다이요공업회장)

말귀의 중요성

한 남자가 항공사 안내원에게 전화로 문의했다. "뉴욕에서 보스턴까지 얼마나 걸리지요?"

"잠깐요(잠시 기다리라는 의미)."라고 안내원이 말했다.

그러자 그 남자는 이렇게 말하고는 전화를 끊었다.

"고맙습니다."

간절함

한 남자가 간절하게 기도하자 천사가 나타나서 물었다.
"네 소원이 무엇이냐?"
남자는 기쁜 마음으로 소원을 나열했다. "네, 전원주택도 하나 주시고요. 100억이 들어 있는 통장도 하나 주시고, 또 예쁜 여자와 결혼하게 해주고… 이것도 해주고 저것도….'
다 듣고 메모를 끝낸 천사가 말했다.
"설문에 응해주셔서 감사합니다."

💡역시 어렵고 힘이 들 때 지혜가 나온다. _혼다 소이치로

차장의 실수

기차에서 검표를 담당하는 차장이 승객의 표를 검사하면서 한 남자에게 말했다.

"기차를 잘못 타셨군요. 다음 역에서 내려 갈아타셔야 합니다."

그런데 10명의 차표를 검사했는데 다 잘못 탄 것이 아닌가!

그때 한 손님이 차장에게 물었다.

"차장님, 실례지만 혹시 차장님께서 기차를 잘못 타신 것 아닙니까?"

알고 보니 정말로 차장 자신이 기차를 바꿔 탔던 것이다.

시한부 인생의 교훈

한 잉꼬 부부가 있었는데 아내가 암으로 시한부 인생을 선고받았다. 하지만 그때부터 아내는 더 밝은 표정으로 즐겁게 살아갔다. 임종의 순간이 왔을 때 남편은 아내에게 물었다.
"여보, 시한부를 받아놓고 하루하루 살아가는 것이 어땠소?"
그러자 아내가 웃으면서 대답했다.
"여보, 마치 죽지 않을 것처럼 하루하루 살아가는 것은 어떤 느낌인가요? 저는 정해진 시한부 인생 동안 더 행복하고 즐거웠던 것 같아요."

등불의 의미

한 시각장애인이 등불을 들고 어두운 밤길을 걷고 있었다.

그때 지나가는 나그네가 물었다. "앞도 안 보이는 사람에게 등불이 무슨 소용입니까?"

그러자 시각장애인이 말했다.

"이것은 나를 위한 것이 아니라 등불을 볼 수 있는 당신을 위한 것입니다. 등불이 있어야 당신이 나를 볼 수 있잖아요."

💡 지식을 쌓음과 동시에 그것을 활용하는 지혜를 한층 더 연마하라.

_마쓰시타 고노스케

남자의 실언

한 젊은이가 혼자서 파티에 갔다. 그런데 한 친구가 자기 아내에게 애교 있게 말하는 것이 아닌가!
"꿀 같은 당신, 설탕 좀 줘요."
"설탕 같은 당신, 꿀 좀 줘요."
그 말이 좋아 보여 다음 날 아침식사를 할 때 아내에게 베이컨을 달라고 말하려는데 그만 실언을 하고 말았다.
"돼지 같은 마누라, 베이컨 좀 줘요."

에디슨의 어머니

에디슨은 초등학교 때 또래 아이들보다 학업이 뒤쳐졌다.
하지만 에디슨의 어머니는 늘 아들을 칭찬하며 격려했다.
"아들아, 걱정하지 마라. 학교공부가 너를 따라오지 못할 뿐이니 아무 걱정 말아라."

💡 상식은 교육을 해도 부족하다. 즉 상식은 교육의 결과다. _위고(시인)

아이의 명품대답

만두를 맛있게 먹고 있는 아이에게 엄마가 물었다.
"엄마랑 아빠, 둘 중에 누가 더 좋아?"
잠시 생각하던 아들은 만두를 하나 집어든 후 만두를 둘로 쪼개며 되물었다.
"엄마는 어느 쪽이 더 맛있을 것 같아?"

💡 상식은 많은 진리를 포함하고 있다. _마쓰시타 고노스케

chapter 06

인물 행복

괴테 (소설가)

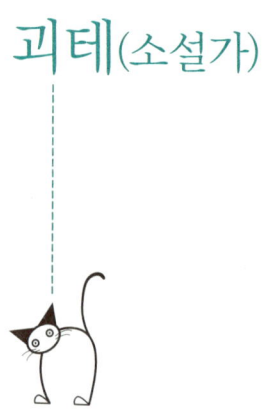

가장 큰 행복도 가장 순수한 기쁨도 결국은 사라지고 만다.
기쁘게 일하고, 자신이 한 일을 기뻐하는 사람은 행복하다.

누가 가장 행복한 사람인가? 남의 장점을 존중해주고 남의 기쁨을 자기의 것인 양 기뻐하는 자이다.
지배하거나 복종하지 않으면서도 무엇인가 하고 있는 사람만이 행복한 사람이다.

참된 행복은 절제에서 나온다.

행복한 인간이란 인생의 끝을 처음에 이을 수 있는 사람을 말한다.
행실은 각자가 자기의 이미지를 보여주는 거울이다.

그라시안 (작가)

  모든 사물에는 행복과 불행이라는 두 가지 측면이 있다.

  아름다운 의지나 용기 혹은 지혜와 같은 내면적인 자질을 통해 행복과 만날 수 있다.

  적당하게 일하고 좀 더 느긋하게 쉬어라. 현명한 사람은 느긋하게 인생을 보냄으로써 진정한 행복을 누린다.

  지혜와 용기, 둘 중 하나가 없으면 완전한 행복은 불가능하다.

  최고의 행복은 존재하지 않는다.

  행운을 안고 입장했던 사람들 중에서 오직 적당한 시기에 물러났던 사람만이 행복을 지킬 수 있었다.

지혜는 경험의 딸이다. _다빈치

단테(시인)

비참할 때 과거의 행복한 시절을 회상하는 것보다 더 큰 슬픔은 없다.

평화를 이루는 자는 행복하다. 그는 분노의 죄에서 벗어났기 때문이다.

💡 프로가 되려면 지속적인 노력이 필요하다. _오기야 세이조(평론가)

데일 카네기(작가)

 당신이 불쾌한 기분 속으로 들어가기 때문에 모든 것이 불쾌해지는 것이다. 먼저 유쾌하게 생각하고 행동하라. 그러면 유쾌한 기분이 절로 솟아날 것이다. 이것이 평화와 행복을 불러오는 방법이다.

 성공은 원하는 것들을 얻는 것이고 행복은 얻는 것들을 원하는 것이다.

도스토예프스키(소설가)

가장 큰 행복은 불행의 원천을 아는 것이다.

마음이 비뚤어진 사람들만이 불행하다. 행복이란 인생에 대한 밝은 견해와 맑은 마음속에 깃드는 것이며, 외면적인 데 있지 않으리라.

많은 행복하지 못한 불행은 난처한 일과 말하지 않은 채로 남겨진 일 때문에 생긴다.

불행은 전염병이다. 행복하지 않은 사람과 병자는 따로 떨어져서 살 필요가 있다. 더 이상 병을 전염시키지 않기 위하여.

어떤 사람은 자기는 늘 불행하다고 자탄한다. 그러나 이것은 자신이 행복함을 깨닫지 못하기 때문이다. 행복이란 누가 주는 것이 아니라 스스로 찾는 것이다.

인간은 행복 외에 그것과 같은 분량의 불행이 항상 필요하다.

인간은 현재 행복한 일은 없지만 지금부터 행복하게 되는 것이다.

인간이 불행한 것은 자기가 행복하다는 것을 모르기 때문이다. 이유는 단지 그것뿐이다. 오직! 그것을 자각한 사람은 곧 행복해진다. 일순간에.

💡상식은 내가 아는 최선의 사고분별력이다. _체스터필드(영국의 정치가)

드라이든(시인)

만족은 마음의 재산이고 그것을 얻는 사람은 행복하다.

오로지 오늘을 자기 것으로 만들 수 있는 사람만이 행복하다.

💡 인간이 현명해지는 것은 경험에 대처하는 능력 때문이다.

_버나드 쇼(영국의 극작가)

로버트 스티븐슨(소설가)

　백만장자로 태어나는 것보다 조개껍질 수집의 취미가 있는 것이 더 행복한 운명일 것이다.

　사람은 모든 의무 가운데 행복해져야만 하는 의무를 가장 소홀히 여긴다.

라로슈푸코(작가)

 근본적으로 행복과 불행은 그 크기가 정해져 있는 것은 아니다. 다만 그것을 받아들이는 사람의 마음에 따라서 작은 것도 커지고 큰 것도 작아질 수 있는 것이다. 가장 현명한 사람은 큰 불행도 작게 처리해 버린다. 어리석은 사람은 조그마한 불행을 현미경으로 확대해서 스스로 큰 고민 속에 빠진다.

 사람의 운수는 아무리 다르게 보일지라도 행복과 불행이 서로 뒤섞여서 결국은 평등하게 된다.

 앞으로 다가올지 모르는 불행을 미리 근심하기보다 눈앞의 불행을 이겨내려는 마음을 갖는 편이 더 현명하다.

 어느 정도까지 우리가 불행해지는지 아는 것은 행복의 일종이다.

우리는 우리가 상상하는 것만큼 그렇게 행복하거나 불행한 것이 결코 아니다.

우리는 행복해지려고 노력하기보다 남들이 우리를 행복하다고 믿게 만드는 데 더 관심이 많다.

우리들은 모두 남의 불행에 견딜 수 있을 만큼 충분히 행복하다.

이 세상에서 가장 행복한 사람은 작은 재산을 가지고 족해하는 사람이다. 위대한 사람과 야심이 많은 사람은 이런 점에서 가장 비참한 사람이다. 그들은 행복해지기 위해서 한없는 재산을 끌어 모을 필요가 있기 때문이다.

행복을 지탱하기 위해서는 악운에 처한 경우보다 더 큰 용기를 필요로 한다.

💡 오늘의 경험을 미래에 살리지 못하는 자는 성공을 거둘 수 없다.
_오쿠라 기하치로(오쿠라재벌 창시자)

로버트 잉거솔(작가)

행복은 유일한 선, 이성은 유일한 횃불, 정의는 유일한 숭배, 인류애는 유일한 종교, 사랑은 유일한 사제다.

행복을 즐겨야 할 시간은 지금이다. 행복을 즐겨야 할 장소는 여기다.

행복해지는 방법은 다른 사람들을 행복하게 만드는 것이다.

록펠러(사업가)

　엄청난 재산을 가진 사람들이 항상 행복하다고 여기는 것은 틀린 생각이다.

　최대의 행복은 착취 또는 반사회적 행동이 아닌 한 개인의 자유를 최대한으로 보장하는 데서 온다.

💡 창조하는 능력을 게을리 한다면 사업은 존속할 수 없다.

_가시오 다다오(카시오계산기 창업자)

밀(철학자)

 나는 지금까지 자기의 욕구를 충족시키려고 노력하기보다는 오히려 그것을 억제하려 함으로써 행복을 얻을 수 있음을 알게 되었다.

 나는 지금 행복한가 하고 자기 자신에게 물어보면 그 순간 행복하지 못하다고 느끼게 된다.

 최대 다수의 최대 행복이 도덕과 입법의 기초이다.

 행복을 수중에 넣는 유일한 방법은 행복 자체를 인생의 목적으로 생각지 말고 행복 이외의 다른 목적을 인생의 목적으로 삼는 일이다.

바이런(시인)

   지식은 행복이 아니다. 학문은 무지를 다른 종류의 무지와 바꾸는 것에 불과하다.

   지혜가 적을수록 행복은 증가한다.

   행복은 불행과 쌍둥이로 태어난다.

💡창조하는 일은 인간에게 최고의 보람이다.

_다케다 유타카(전 신일본제철회장)

버나드 쇼(극작가)

부를 산출하지 않고는 소비할 권리가 없는 것처럼 행복도 산출하지 않고는 누릴 권리가 없다.

불행의 지름길은 자신이 행복한지 여부를 걱정할 만큼 한가로운 것이고 그것을 피하는 길은 일을 하는 것이다.

어리석음은 행복과 아름다움을 직접 추구하는 것이다.

치통을 앓는 사람은 이가 성한 다른 사람들을 누구나 행복하다고 여긴다.

평생 내내 행복한 상태란 아무도 감당할 수 없다. 그것은 지상의 지옥이다.

베이컨(정치가)

사람의 천성과 직업이 맞을 때 행복하다.

천재들은 행복 또는 불행을 초래하고 많은 숭배를 받지만 휴식할 틈은 없다.

💡 상상력은 지식보다 중요하다. _아인슈타인

벤담 (법학자)

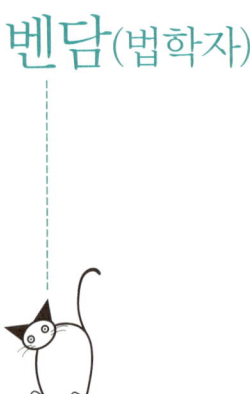

　가장 많은 사람들의 가장 큰 행복이 도덕과 법의 기초라는 신성한 진리를 내게 최초로 가르쳐준 사람은 베카리아를 제외하면 프리스틀리였다.

　인간은 남에게 행복을 준만큼 자기의 행복을 증대시킨다.

　인간은 자신이 행복하면 차츰 그 행복을 크게 생각하여 남에게 나누어주고 싶어 한다.

💡 상상력은 아름다움, 정의, 행복을 창조한다. 상상력은 이 세상의 전부다. _파스칼

보에티우스 (정치가)

불운이 닥칠 때마다 과거의 행복했던 시절이 가장 큰 불행으로 변한다.

인간은 신의 생활에 참여함으로써만 참되게 행복해진다.

자신이 불행하다고 생각하는 사람에게는 모든 상태가 불행한 것이지만, 만족하는 사람에게는 모든 상태가 행복한 것이다.

행복은 자기의 내부에 있다.

사무엘 존슨 (시인)

　가난뱅이가 되지 않겠다고 결심하라. 가난은 행복의 큰 적이다. 그것은 분명히 자유를 박탈하고 미덕의 실천을 막거나 매우 어렵게 만든다.

　가장 행복한 대화는 경쟁도 허영심도 깃들지 않고 의견만 조용히 교환되는 것이다.

　가정에서 누리는 행복은 모든 소망의 최종 목표다.

　상상력이 없다면 남자는 공작부인의 품에서나 하녀의 품에서나 똑같이 행복할 것이다.

　신중함은 삶을 안전하게 만든다. 그러나 행복하게 만들지는 못하는 경우가 많다.

　아무도 행복해서는 안 된다는 것보다 누군가는 행복해야 된다는 것이 더 낫다. 평등은 아무도 행복해서는 안 된다는 상태를 초래할 것이다.

　어떤 형태의 정부가 들어서든 그것은 개인의 행복과 전혀 무관하다.

　의심은 행복에 대해서도 미덕에 대해서도 똑같이 적이 된다.

　일은 생존에는 필요한 것이 아니라 해도 행복에는 불가결한 것이다.

　자연에서 벗어나는 것은 행복을 버리는 짓이다.

　행복한 사람이 모두 똑같이 행복한 것은 아니다. 행복은 유쾌한 감정의 복합체다.

💡 무슨 일에 있어서든지 감이 좋아야 한다. _마쓰시타 고노스케

산타야나(작가)

가정의 행복을 누리려면 인내가 필요하다. 변덕을 부리는 사람은 불행을 택한다.

행복은 삶의 유일한 규제다. 행복이 없는 곳에서는 삶이란 한심스럽고 미친 실험이다.

셰익스피어(극작가)

남의 눈으로 행복을 들여다보는 것은 얼마나 쓰라린가!

침묵은 기쁨의 가장 완전한 전령이다. 내가 얼마나 행복한지 말할 수 있다면 나는 그리 행복한 것이 아니다.

💡 직감의 힌트는 오랫동안 준비하고 고심한 만큼 주어진다.

_파스퇴르(프랑스의 화학자)

스탕달(소설가)

아름다움은 행복의 약속에 불과하다.

애정에는 한 가지 법칙밖에 없다. 그것은 사랑하는 사람을 행복하게 만드는 것이다.

최고의 행복이란, 나의 행복이란 것만큼 소중히 생각하는 것은 없다.

시드니 스미스 (수필가)

건강, 깨끗한 양심 다음으로 안락한 집이 행복의 큰 샘이다.

내일에 대해서는 아무것도 모른다. 우리가 할 일은 오늘이 좋은 날이며 오늘이 행복한 날이 되게 하는 것이다.

💡 감은 두뇌의 움직임이 아니라 부단한 연습의 결과로 생겨난다.

_나카무라 도라키치(프로골퍼)

실러(시인)

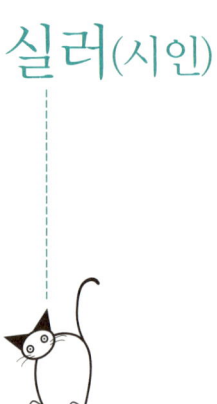

마음에 뜻을 지닌 사람이야말로 진정 행복하다.

인간의 마음가짐이 곧 행복이다.

행복에는 날개가 있다. 따라서 붙들어 둘 수가 없다.

💡 모방하는 능력이 있다면 발명하는 능력도 있는 것이다.

_마쓰다 다카시(전 미쓰이물산 사장)

아나톨 프랑스(소설가)

국민의 행복을 가장 크게 염려하던 사람들은 자기 이웃사람들을 매우 비참하게 만들었다.

의지는 다른 어떤 재산보다 인간에게 훌륭한 재산이다. 누구든지 굳은 의지만 있다면, 자기 마음대로 사용할 수 있다. 쌓아 놓은 재물에서보다도 굳은 의지에서 얻은 행복이 훨씬 큰 것이다. 이 세상에서 참다운 행복은 남에게서 받는 것이 아니라 내가 남에게 주는 것이다. 그것이 물질적인 것이든, 정신적인 것이든, 인간에게 있어서 가장 아름다운 행동이기 때문이다.

아미엘(철학자)

건강은 모든 자유 가운데 으뜸이고 행복은 건강의 기초인 에너지를 준다.

사람을 행복하게 만드는 일은 역시 가장 확실한 행복이다.

💡위인들의 삶과 사고방식을 교훈으로 삼되, 단순히 모방만 해서는 안 된다. _마쓰시타 고노스케

앤드류 매튜스(작가)

　무슨 일이 일어나느냐가 아니라 일어난 일을 놓고 어떻게 반응하느냐에 따라 행복해질 수도 불행해질 수도 있다.

　우리의 행복과 불행을 결정하는 것은 우리 자신이다. 그것은 우리 스스로 어떻게 생각하느냐에 달려있다.

　행복이란 결심이요 결정이다.
　행복의 비밀은 좋아하는 일을 하는 것이 아니라 자신이 하는 일을 좋아하는 것이다.

　행복이란 대개 현재와 관련되어 있다. 목적지에 닿아야 행복해지는 것이 아니라 여행하는 과정에서 행복을 느끼기 때문이다.

올더스 헉슬리(소설가)

남의 행복에는 묘하게도 지루한 면이 있다.

행복은 코크스처럼 어떤 것을 만들 때 나오는 부산물이다.

💡 발명의 비결은 끊임없는 노력이다. _뉴턴

월터 랜더(시인)

사람은 행복하니까 만족하는 것이지 만족하니까 행복한 것은 아니다.

선행이 사람들을 행복하게 만들기보다는 행복이 사람들을 선하게 만든다.

행복이 사람을 선하게 만드는 경우보다 선이 사람을 행복하게 만드는 경우가 반드시 더 많지는 않다.

위고(소설가)

사회의 번영이란 개인이 행복하고 시민이 자유로우며 나라가 강대한 것을 의미한다.

인생에 있어서 최고의 행복은 우리가 사랑받고 있다는 확신이다.

💡 알고 난 후에 배우는 일이야말로 중요하다. _존 우든(미국의 농구코치)

윌리엄 블레이크(시인)

 매일 아침, 매일 밤 태어나 비참하게 되는 자 있고, 매일 아침, 매일 밤 태어나 행복해지는 이 있다.

 행복하게 지내는 사람은 대개 노력가이다. 게으름뱅이가 행복하게 지내는 것을 보았는가. 수확의 기쁨은 흘린 땀에 정비례한다.

제퍼슨(대통령)

모든 사람은 평등하게 창조되었고 생명, 자유, 행복의 추구 등 선천적이고 양도 불가능한 권리들을 창조주로부터 받았다.

사람의 생명과 행복을 파괴하는 것이 아니라 보살펴주는 것이 좋은 정부의 유일하고 합법적인 첫째 목적이다.

세상에는 악행과 불행이 많다는 것을 나는 알지만 선행과 행복이 그보다 더 많다고 나는 믿는다.

여행은 사람을 더 현명하게 만들지만 행복감은 줄인다.

우리의 가장 큰 행복은 우연히 우리에게 부여한 생활여건에 좌우되는 것이 아니라, 깨끗한 양심, 건강, 직업, 모든 정당한 추구의 자유에서 오는 것이다.

 칭찬을 듣든 비난을 듣든 사람들의 입에 가장 적게 오르내리는 사람이 가장 행복하다.

 행복을 주는 것도 재산이나 영광이 아니라 고요함과 직업이다.

💡성공의 열쇠는 동료들의 말에 귀를 기울이는 것이다.

_샘 월턴(미국의 월마트 스토어 창업자)

지드(소설가)

만취는 언제나 행복의 대용품에 불과하다. 그것은 꿈꾸는 것을 살 돈이 없을 때 그 꿈은 살 수 있다.

완전한 행복에 필요한 유일한 조건은 현재를 과거와 비교하지 않는 것이다.

행복에서 행복을 회상하는 것보다 더 큰 독성은 없다.

행복의 추억만큼 행복을 방해하는 것은 없는 것이다.

행복해지는 비결은 즐거움을 얻기 위해서만 노력할 것이 아니라, 노력 그 자체에서 즐거움을 발견하는데 있다.

체호프(소설가)

이 지상의 생활에는 절대적 행복이란 있을 수 없다. 행복은 우리들에게는 없다. 드물게 조차 없다. 우리들은 다만 행복을 바랄 뿐이다.

행복하다는 사람은 불행한 사람이 아무 말 없이 자신의 무거운 짐을 짊어지기 때문에 행복을 즐길 수 있다. 이처럼 불행한 사람의 침묵이 없었던들 행복 같은 것이 있을 리 없다.

💡 사람을 움직이는 비결은 우선 상대의 말에 귀를 기울이는 것이다.
_카네기(미국의 산업자본가)

칸트 (철학자)

도덕은 우리가 행복해질 수 있는 원리가 아니라 행복을 얻을 자격이 있게 만드는 원리다.

행복은 이성의 이상이 아니라 상상력의 이상이다.

행복을 추구하는 것도 중요하지만 행복을 누릴 자격이 있는 사람이 되는 것이 더욱 중요하다.

행복의 원칙은 첫째 어떤 일을 잘 할 것! 둘째, 어떤 사람을 사랑할 것! 셋째, 어떤 일에 희망을 가질 것!

칼라일(역사가)

 일생의 일을 발견한 사람은 행복하다. 다른 행복을 찾을 필요가 없기 때문이다.

 정치로 백성을 행복하게 만든다는 것은 헛된 희망이다!

💡 지혜는 지식보다 뛰어나다. _파스칼

토마스 페인(작가)

자기 자신에 대한 정신적 충실은 행복의 필요조건이다. 불충실이란 어떤 것을 믿거나 믿지 않는 것이 아니라, 자기가 믿지 않는 것을 믿는다고 고백하는 것이다.

종교적 의무는 정의를 실천하고 자비를 사랑하며 다른 사람들을 행복하게 하려고 노력하는 것이라고 나는 믿는다.

토마스 풀러(작가)

불행을 통해 행복이 무엇인지를 배우게 된다.

자기 자신을 있는 그대로 아는 사람은 행복하다.

행복을 잃기 전에는 그것을 소중하게 여기지 않는다.

💡 자신의 처지를 철저하게 공부하여 프로가 되는 것이 중요하다.

_야시로 토시쿠니(전 미쓰이물산 회장)

톨스토이 (소설가)

　욕망이 작으면 작을수록 인생은 행복하다. 이 말은 낡았지만 결코 모든 사람이 다 안다고는 할 수 없는 진리이다.

　인간은 자기만을 위해서 살아서는 안 되며, 남을 위해서, 인류 전체의 행복을 생각하면서 살아가야 한다. 인간이 자기 행복만 생각하고 살면 그 희망은 서로 충돌하기 때문에 도저히 행복해질 수 없다.

　일은 인간생활에서 불가피한 것이고 행복의 참된 원천이다.

　최상의 행복은 1년을 마무리하는 시기에 연초 때의 자신의 모습보다 더 나아졌다고 느끼는 것이다.

해야 할 것을 하라. 모든 것은 타인의 행복을 위해서, 동시에 나의 행복을 위해서이다.

행복은 인간을 이기주의자로 만든다.

행복한 가정은 모두 서로 닮았지만 불행한 가정들은 제각각이다.

행복해지기를 원한다면 그렇게 되라.

💡 정보화 사회에서는 독창성이야말로 인간으로서의 존재 이유다.

_가쿠 류자부로(캐논 명예회장)

투르게네프(소설가)

　내일이면 나도 행복해진다! 그러나, 행복에는 내일이라는 것이 없습니다. 어제라는 것도 없습니다. 행복은 과거의 일을 기억하지도 못하거니와 미래를 생각하지도 않습니다. 행복에는 현재만 있습니다. 그것도 오늘이 아니라 다만 순간적인 것입니다.

　모든 사람의 행복은 다른 사람의 불행 위에 세워진다.

포프(시인)

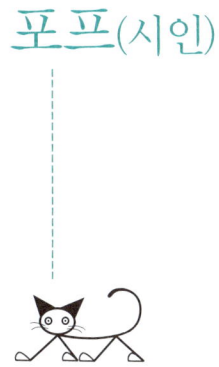

아무것도 기대하지 않는 사람은 행복하다. 그는 결코 실망하지 않을 것이다. 이것은 아홉 번째 행복이다.

진정한 행복은 어디에도 정착하지 않는다. 찾더라도 발견되지 않지만 어디에나 있다. 돈으로는 결코 살 수 없으나 언제든지 손에 넣을 수 있다.

💡 남의 이야기를 중간에 자르거나, 남의 화제를 가로채어서도 안 된다.

_워싱턴(미국의 초대 대통령)

퐁트넬(작가)

 행복에 있어서 가장 큰 장애물은 너무 큰 행복을 기대하는 마음이다.
 행복이란 그것이 변하지 않고 계속되었으면 하고 바라는 그런 상태다.

💡독서는 충실한 인간을 만들고, 쓰기는 정확한 인간을 만든다. _베이컨

프랭클린(정치가)

 탐욕과 행복은 서로 쳐다본 적이 결코 없는데 어떻게 서로 친숙해진단 말인가?

 행복하자면 두 가지 길이 있다. 욕망을 줄이거나 소유물을 늘리거나 하면 된다. 어느 쪽이라도 된다.

해즐릿(수필가)

우리가 행복을 남의 손에다 맡긴다면, 자질구레한 일상사, 사랑, 우정, 결혼 등에서 전혀 안정감을 느끼지 못할 것이다.

행복은 훌륭한 선생이다. 역경은 그보다 더 훌륭한 선생이다.

💡과학의 위대한 진보는 새롭고 대담한 상상력에서 생겨난다.

_듀이(미국의 철학자 · 교육자)

헤르만 헤세 (소설가)

　주는 것은 받는 것보다 행복하고, 사랑하는 것은 사랑받는 것보다 아름다우며 사람을 행복하게 한다.

　행복만을 바라보고 쫓아가는 한 너는 행복을 누릴 만큼 성숙하지 못한 것이다. 모든 사랑스러운 것이 네 것이 된다 하더라도, 잃어버린 것이 아까워 한탄을 하고 목적을 가지고 초조하게 애쓰는 한, 아직 평화가 무엇인지 모르는 것이다. 모든 희망을 포기하고 목적도 욕망도 다 버리게 되었을 때, 행복하며 이름을 붙여 바라지 않을 때, 그 때에 비로소 세상만사의 흐름이 너의 마음에 부딪히지 않게 될 것이며, 너의 영혼이 안식을 얻게 되는 것이다.

　행복이란 희망을 지니는 자의 것이다.

헨리 다이크(시인)

세상에 돈으로 살 수 있는 행복이라 불리는 상품은 없다.

아무리 고상하고 참된 가르침이라 해도 실생활에서 실천되지 않는 한 사람들을 행복하게 만들 수 없다.

헨리 멘켄(언론인)

인류 역사에는 행복한 철학자에 대한 기록이 없다.

참으로 행복한 사람은 오로지 기혼 여성들과 미혼 남성들뿐이다.

청교도주의란 어디선가 누군가가 행복할지도 모른다고 항상 두려워하는 그 두려움이다.

💡사람들은 깜짝 놀라는 것을 좋아한다. 이것이야말로 과학의 씨앗이다.

_에머슨(미국의 시인 · 사상가)

헬런 켈러(작가)

참된 행복은 자기만족에서 오는 것이 아니라 가치 있는 목적을 충실하게 추구할 때 오는 것이다.

행복의 한쪽 문이 닫히면 다른 쪽의 문이 열린다. 그러나 흔히 우리는 닫힌 문을 오랫동안 보기 때문에 우리를 위해 열려 있는 문을 보지 못한다.

훔볼트 (언어학자)

늘 유쾌하고자 하는 사람은 자신의 행복에 신경을 쓸 뿐만 아니라 또한 실제로 미덕을 실행한다.

행복이란 대개 사람에게 불림을 받지 않고 찾아오는 것이며, 멀리 하면 멀리 할수록 더욱 찾아드는 것이다.

💡 누구나 이해할 수 있는 사상만이 진정한 기술을 얻을 수 있다.

_혼다 소이치로

힐티(법률가)

우리의 인생에서 가장 행복한 때라는 것은 일에 몰두하고 있을 때이다.

침상에 누울 때 내일 아침 일어나는 것을 즐거움으로 여기는 사람은 행복하다.

행복은 그대의 앞길을 가로막고 서 있는 사자다. 대개 사람은 그것을 보고 되돌아서고 만다. 그리하여 행복과는 아무 관련 없는 어떤 시시한 것으로 만족해버린다.

행복의 첫째 조건은 윤리적 세계질서에 대한 확고한 신앙이다.

chapter 07

겨울의 유머

발자크의 행복론

 프랑스의 위대한 작가인 발자크가 한때 가난한 적이 있었다. 한겨울에 난로도 없이 허름한 다락방에서 살았지만 그는 늘 해학이 넘쳤다. 그는 아무 것도 없는 한쪽 벽에 '최고급 벽지와 고급 가구'라고 적어놓았다. 그리고 불기 없는 차가운 벽난로에는 '라파엘로의 그림'이라고 써놓았다.

 그는 그 그림을 보며 매우 행복해 했다.

 그는 말한다. "행복은 스스로 즐기는 힘에서 나온다."

링컨의 종교

링컨이 한 종교단체의 집회에 참석했다.

하지만 이 종교단체는 링컨이 자신들의 종교를 옹호해주지 않는다는 이유로 비난하며 종교적인 색을 분명히 하라고 다그쳤다.

그러자 링컨은 이렇게 말했다.

"저는 좋은 일을 하면 기분이 좋습니다. 그리고 나쁜 행동을 하면 양심에 가책을 느끼지요. 이것이 제 종교입니다."

💡 식견이 풍부한 사람은 이야기하는 것도 다르다. _나쓰메 소세키(소설가)

정치인의 대답

 기자가 한 유명한 정치인에게 사회적으로 논쟁이 되는 이슈에 대해서 물었다.
 "이 문제에 대해서 찬성하십니까? 반대하십니까?"
 입장을 밝히기가 곤란했던 이 정치인은 멋지게 대꾸했다.
 "제 친구들 중 일부는 찬성합니다. 그리고 제 친구들 중 일부는 반대합니다. 저는 제 친구들 편입니다."

자기 사랑

이탈리아 영화배우 안나 마니냐가 늙어서 사진을 찍었다.

사진을 찍기 전에 그녀는 사진사에게 조용히 이렇게 부탁했다.

"사진사 양반, 절대 내 주름살을 수정하지 마세요."

사진사가 그 이유를 묻자 안나 마니냐가 대답했다.

"그걸 얻는 데 평생이 걸렸거든요."

💡 말을 과격하게 하는 것은 근거가 빈약함을 뜻한다. _위고

신생아의 어려움

전국의 신생아 500명에게 물었단다.

"아가들아, 너희는 언제 제일 힘드니?"

7위 : 싸고 또 쌌는데 "요즘 기저귀 정말 좋아"하면서 안 갈아줄 때.

6위 : "누굴 닮아 이렇게 못생겼지?"라고 푸념할 때, 내가 누굴 닮았겠는가?

5위 : 아빠, 엄마도 말하지 못하는데 "작은 외숙모 해봐" 할 때. 혀 꼬인다.

4위 : 아무리 빨아도 젖이 안 나와 현기증 날 때. 누가 다 빨아먹은 거야?

3위 : 아무데서나 벗기고 기저귀 갈 때. 나도 자존심이 있는데 말야…^^

2위 : 기지도 못하는데 고작 과자 하나를 미끼로 자꾸 걸어

보라고 꼬실 때.

    1위 : 자꾸 웃으라고 윽박지를 때. 자기가 먼저 웃어야 내가 웃을 거 아냐?

💡 현명한 사람에게는 한 마디면 충분하다. 굳이 긴 말이 필요 없다.

   _프랭클린(미국의 정치가)

레나 마리아의 긍정

조그마한 왼쪽다리 하나뿐, 양팔이 없는 한 여성이 있었다. 팔과 손이 없어서 좌절할 것 같지만 그녀는 이렇게 말한다.
"난 팔과 손이 없어서 반지나 장갑을 잃어버릴 염려가 없어요."

💡 자신의 장점이 무엇인지, 일을 통해서 발견하라.

_안도 타로(스미토모부동산 회장)

장관의 지혜

 영국의 한 장관이 의회에서 국민 보건에 대한 주제로 연설을 하는데 한 의원이 일어나 말했다. "장관은 수의사 출신인데 사람의 건강에 대해 얼마나 안다고 그렇게 떠드시오?"
 의원들은 이 공격적인 질문에 장관의 대답이 궁금해 귀를 모았다. 잠시 후 장관은 부드럽고 침착하게 대답했다.
 "네, 잘 모릅니다. 그런데 나중에 혹시 어디 아프시면 언제든지 저를 찾아오세요."

딸의 대답

딸 : 엄마! 나 100점이야.
엄마 : 우리 딸 장하다. 그래, 자세히 좀 얘기해 봐.
딸 : 산수 40점, 국어 30점, 자연 30점. 합해서 모두 100점이야.

💡남의 결점을 찾으려 하지 말고 장점을 보라.

_고바야시 이치조(한큐그룹 창립자)

엄마와 아들

네 살짜리 아들이 엄마한테 물었다.

아들 : 엄마, 엄만 날 진짜 사랑해?

엄마 : 당연하지. 널 위해서는 세상 모든 걸 버릴 수도 있단다.

아들 : 진짜야? 그 말 믿어도 되는 거지?

엄마 : 그럼! 하나님께 맹세할 수 있지.

아들 : 그럼 아빠 버리고 사탕가게 아저씨랑 결혼해.

아내의 긍정

아내가 남편에게 전화했다.
남편 : 무슨 일이야?
아내 : 여보, 좋은 소식과 나쁜 소식이 있어!
남편 : 시간 없으니깐 좋은 소식만 빨리 말해봐!
아내 : 있잖아… 자동차 에어백이 제대로 작동했어!

약간의 결점도 보이지 않는 인간은 어리석은 자이거나 위선자다.

_쥬벨(프랑스의 사상가)

아인슈타인의 유머와 인간미

 어떤 사람이 아인슈타인에게 상대성 이론의 정의를 물어 보았더니 그는 다음과 같은 대답을 했다.
 "한 남자가 예쁜 여자와 한 시간 동안 나란히 앉아 있으면 그 한 시간은 1분으로 생각되겠지요. 그러나 그가 뜨거운 난로 옆에 1분 동안 앉아 있으면 그 1분은 한 시간이나 되게 느껴질 거요. 그게 바로 상대성이오."
 한 소녀가 산수 숙제를 못하고 애를 쓰다가 그 동네에 아인슈타인 박사가 산다는 말을 듣고 그를 찾아갔다. 촌영감 같은 할아버지는 친절하게 가르쳐주고 모르는 게 있으면 또 오라고 했다.
 소녀의 어머니는 이 말을 듣고 깜짝 놀라 곧 뛰어 가서 사과를 했더니, 아인슈타인이, "내가 애기한테서 배운 게 더 많습니다."

아내는 잔인해

 눈보라가 휘날리는 겨울밤 제과점 주인은 가게 문을 닫고 있는데 한 남자가 와서는 소보루 빵 두 개를 달라고 했다.
 그런 날씨에 고작 소보루빵 두 개를 사겠다고 찾아오는 사람이 있다는 사실이 제과점 주인으로서는 놀랍기만 했다.
 "세상에… 이런 눈보라 속에 고작 소보루 두 개를 사러 보내다니 당신의 어머니는 너무하시네요."
 "물론이죠. 이렇게 날씨가 궂은 밤중에 자식을 심부름 내보내는 어머니가 어디 있겠어요? … 저는 결혼해서 아내가 있답니다." 라고 그 손님은 대답하는 것이었다.

마크 트웨인의 긍정

연일 폭우가 쏟아져 난리가 나자 한 사람이 마크 트웨인에게 걱정하며 물었다.
"마크 트웨인, 이 비가 그칠까요?"
"그럼요. 걱정하지 마세요."
"정말요?"
"그럼요. 그동안 그치지 않는 비를 본 적이 없습니다."

💡 자신에게 명령하지 않는 자는 영원히 하인의 위치에 머무르고 말 것이다. _괴테

기도의 열매

　미국의 한 마을에 오랫동안 비가 오지 않자 한 교회에서 '비가 오게 해달라'는 기도회를 열었다.
　모두 모여서 열심으로 기도했는데 놀랍게도 기도회가 끝나자마자 비가 오기 시작했다. 한 꼬마만이 우산을 가져왔기에 목사님이 물었다.
　"왜 너는 우산을 가져왔니?"
　그러자 꼬마가 두 눈을 크게 뜨고 말했다.
　"목사님께서 기도하면 이루어진다고 그랬잖아요."

아이의 순진함

학년 말 성적표를 받아온 아들이 밝은 얼굴로 엄마에게 말했다.

"엄마, 우리 반에서 제가 인기가 제일 좋은가 봐요."

엄마도 웃으면서 이유를 물었다.

"선생님이 저 보고 진급하지 말고 1년만 더 있어달라고 부탁했거든요."

> 우리는 훈련으로 강해진다. 일정한 목적에 힘을 쏟아 부을 때 성장한다. _카네기

신입사원의 맛있는 대답

한 기업의 면접장에서 면접관이 지원자에게 묻는다.

"아무 경험도 없고, 회사사정도 모르는 사회 초년병인데 우리 회사에서 제대로 일할 수 있다고 생각하십니까?"

"물론 힘든 부분이 있겠죠. 하지만 선배님들보단 쉬울 겁니다."

"선배들보다 쉽다니요?"

"선배님들은 저 같은 어리바리한 초년병들과 호흡을 맞춰 일하시게 됩니다. 반면 저는 다행스럽게도 여러 백전노장 선배님과 함께 하니 제가 일하기가 훨씬 쉽지 않겠습니까?"

복을 받는 법

　아일랜드 출신의 영국 작가로, 「걸리버 여행기」를 집필한 조나단 스위프트는 어느 날 잔꾀를 부리는 하인과 여행을 하다가 점심을 1인분만 시키고서는 자기가 다 먹었다.
　하인이 왜 혼자서만 먹느냐고 묻자 조나단이 대답했다.
　"어차피 점심을 먹어도 또 배고플 텐데 뭐하러 먹나?"
　얼마 후에 조나단은 하인에게 구두를 닦아오라고 시켰다.
　하지만 하인은 구두를 닦지 않고 그대로 돌려주며 말했다.
　"어차피 신다 보면 지저분해질 텐데 뭐하러 닦습니까?"

💡 리더십은 모범을 보이는 것이다. _아이아코카(미국의 기업경영자)

고마운 참새

모든 것을 긍정적으로 생각하는 한 남자가 길을 걷고 있었는데 지나가던 참새가 이 남자 머리 위에 그만 똥을 싸고 말았다. 그러자 똥을 맞은 남자는 자신의 머리를 만지며 말했다.

"휴우~ 황소가 하늘을 날지 못하는 게 천만다행이다."

나름대로 해석

 의사가 한 아주머니의 감기를 진단하고 나서 처방했다.
 "먼저 따뜻한 물에 푹 담그세요. 그리고 따뜻한 옷으로 온몸을 따뜻하게 유지하세요."
 이 말을 듣고 집에 온 아주머니는 남편에게 말했다.
 "의사선생님께서 먼저 온천에 가서 푹 쉬고 나서 밍크코트로 온몸의 체온을 보호해야 한다고 말했어요."

💡 나쁜 병사는 없다. 나쁜 장군이 있을 뿐이다. _나폴레옹

아이젠하워와 젖소

아이젠하워 대통령이 한 클럽에서 연설할 때이다.

"어렸을 때 아버지와 함께 젖소를 사러 갔습니다. 아버지는 좋은 젖소를 사려고 소의 혈통과 우유생산량을 물었지만 주인은 모른다고 말했습니다. 하지만 정직한 소라서 주인을 위해서 모든 것을 다 바친다고 했습니다."

사람들의 호기심 가득한 눈빛을 보내자 아이젠하워는 여유있게 연설을 마무리했다.

"여러분, 저는 그 젖소와 같습니다. 제가 가지고 있는 모든 것을 미국 국민을 위해 바치겠습니다."

💡 가능한 한 많은 사람의 힘을 빌리는 편이 좋다.

_하야카와 다네조(전 일본건설 사장)

워싱턴의 예의

미국의 초대 대통령 조지 워싱턴.

어느 날 그의 집에 블란서 장군이 방문했다. 한창 음식을 먹으며 이야기를 나누고 있는데 한 노예가 들어와 좋은 시간되라는 인사를 했다.

그런데 이 말을 듣자마자 워싱턴이 일어나서 그 노예에게 정중히 답례를 했다. 그 장면을 본 블란서 장군이 궁금해서 물었다.

"아니, 왜 집안의 노예에게 일어서서 인사를 하십니까?"

워싱턴이 대답했다. "내가 노예보다 예의가 없는 사람이 되면 되겠습니까?"

감사에 감사를!

영화 〈백 투 더 퓨처〉의 주연 마이클 J. 폭스가 파킨슨 병에 걸렸다. 기자들이 병과 싸우느라 얼마나 힘든지, 병이 인생에 어떠한 영향을 미쳤는지 물었다.

마이클은 단 1초도 머뭇거리지 않고 대답했다.

"감사하지요. 왜냐하면 제가 이 병에 걸렸기 때문에 사람들이 파킨슨 병에 대해서 더 알게 되었고, 나아가 파킨슨 병으로 고통받는 사람들에게 작은 힘이 될 것이기 때문입니다."

💡 불평불만은 출세의 막다른 골목이다. _네즈 가이치로(도부철도 창업자)

비밀의 중요성

한 나라의 총리가 병으로 갑자기 죽었다. 신하들은 누가 다음 총리가 될 것인지 무척 궁금했다. 미리 아부를 해야 출세할 수 있었기 때문이었다.

왕이 후임자를 한동안 공표하지 않자 한 신하가 물었다.

"폐하, 누가 다음 총리가 되는 것이옵니까?"

"그대는 비밀을 지킬 수 있겠는가?"

"물론이옵니다. 폐하."

왕은 지긋이 웃으며 말했다. "그래야지요. 과인도 그대만큼 비밀을 지킬 줄 안다오."

처칠의 유머

2차 세계대전 초반, 영국은 독일의 공격에 속수무책이었다. 독일의 런던공습이 이어지던 어느 날, 영국의 수상인 처칠이 방공호로 피난했을 때 한 기자가 물었다.

"처칠 수상 각하, 지금 무슨 생각을 하시나요?"
"지금요? 방공호가 매우 좁다는 생각을 하고 있습니다."
"아니, 왜요?"
"누군가 지금 내 발을 밟고 있거든요!"

💡 목표는 높게, 희망은 크게, 마음은 넓게. _차타니 슈지로(전 도요보 사장)

월트 디즈니의 자신감

미국의 한 서커스단이 어느 마을을 찾았다.

그런데 트롬본 연주자에게 문제가 생겨서 단장이 관객에게 협조를 구했다.

"죄송하지만 혹시 트롬본을 불 수 있는 분이 계십니까?"

그러자 한 꼬마가 손을 들었다. 그런데 트롬본을 넘겨주자 전혀 불지 못했다. 짜증 난 단장이 말했다.

"아니, 트롬본을 불지도 못하면서 불 수 있다고 왜 거짓말을 했나요?"

꼬마가 당당하게 대답했다. "저는 제가 트롬본을 불 수 없는지 몰랐습니다. 왜냐하면 한 번도 트롬본을 불어보지 않았으니깐요!"

그 꼬마가 바로 도전정신으로 똘똘 뭉친 월트 디즈니다.

고양이와 개의 생각

개의 생각

나랑 같이 사는 이 주인들은 나를 먹여주고, 재워주고, 예뻐해주고, 만져주고, 돌봐주는 걸 보니…

정말 주인은 고마운 사람들이야!

고양이의 생각

나랑 같이 사는 이 주인들은 나를 먹여주고, 재워주고, 예뻐해주고, 만져주고, 돌봐주는 걸 보니…

정말 나는 대단한 고양이야!

화가의 열정

한 젊은 화가가 사람들이 자신의 작품을 알아보지 못한다고 스승에게 불평했다.

"스승님, 저는 2~3일에 걸쳐서 작품 하나를 완성하는데 그 작품을 팔려면 2~3년이 걸립니다."

그러자 스승은 젊은 화가의 등을 토닥이면서 말했다.

"이보게, 한 작품을 2~3년에 걸쳐서 완성해보게.
그럼 2~3일 만에 팔릴 걸세."

💡 사람은 원대한 목적을 가졌을 때 비로소 자기 자신도 크게 성장한다.

_실러(독일의 시인·극작가)

구두닦이의 지혜

경기가 나빠지자 사람들이 구두방에서 구두를 닦기보다 집에서 닦았다. 매출이 떨어지자 한 구두닦이가 아이디어를 냈다.

그는 구두방 앞에 다음과 같은 안내문을 붙여놓고 들어오는 사람들을 웃으면서 맞았다.

"구두 한 짝은 완전 무료로 닦아 드립니다. 나머지 한 짝은 2,500원입니다."

💡 인생의 목적은 지식이 아니라 행동이다. _헉슬리(영국의 생물학자)

동물전쟁

 동물들 세계에서 전쟁이 일어났다. 호랑이가 대장이 되어 동물 군대를 인솔하게 되었는데 동물들은 여기저기서 불평만을 반복했다.
 "당나귀는 멍청해서 함께 싸울 수 없다."
 "토끼는 겁쟁이니 필요 없다."
 "개미는 작아서 아무 힘이 없다."
 "코끼리는 덩치가 커서 적들의 눈에 쉽게 띈다."
 그러자 호랑이가 외쳤다. "시끄럽다. 모두 조용히 해라. 당나귀는 길쭉한 입을 가졌으니 나팔수로 쓸 것이다. 토끼는 발이 빠르니 전령으로 쓸 것이고, 개미는 작아서 눈에 안 띄니 게릴라로 활동하게 될 것이다. 그리고 코끼리는 힘이 세니 군수 물자를 조달할 것이다."

아내의 아이

거울을 볼 때마다 아내는 묻는다.

"여보, 나 몇 살처럼 보여?"

하루 이틀도 아니고 끊임없는 이 질문에는 아무리 잘 대답해도 본전이다. 나이를 줄여서 말하면 아부라고 할 것이고, 제 나이를 이야기하면 삐칠 것이기 때문이다.

얼마 전에도 물어보기에 이렇게 대답해줬다.

"응. 피부는 25살, 주름은 27살, 몸매는 한 23살 같아."

순식간에 아내의 입이 귀에 걸린다.

"아니, 내가 그렇게 어려보여? 고마워."

그걸로 끝나면 유머코치가 아니다. 나는 이렇게 덧붙였다.

"아니, 잠깐만. 그걸 다 더해야 돼. 하하하하하."

축복의 선택

아는 분 중에 키가 작은 분이 계시는데 평소 유머감각이 넘치고 대단히 긍정적인 분이다.

무엇보다 자신의 키를 가지고 농담의 소재로 삼을 때면 그분에게서 독특한 향기가 풍긴다.

"저는 키가 작아서 좋습니다. 번개 맞을 확률이 낮거든요. 하하하~"

언젠가는 이렇게 말하며 껄껄껄 웃었다.

"저는 부자가 될 확률이 높습니다. 길을 가다가 돈이 떨어져 있으면 키 작은 제가 제일 먼저 주울 수 있기 때문입니다. 하하하."

💡 이론은 장교이며, 실천은 병사다. _다빈치

성형수술의 비극

한 여자가 하나님께 간절히 기도했다.
"하나님, 100살까지 살게 해주세요."
여자가 너무나 간절히 기도해서 하나님이 소원을 들어줬다.
일단 100세를 보장받은 이 여자는 예쁘게 살려고 큰돈을 들여 완벽하게 성형수술을 했다. 그런데 그 다음날 여자는 교통사고로 죽고 말았다. 죽어서 하나님을 만난 여자는 하나님께 억울한 마음으로 따졌다.
"100살까지 살게 해준다고 하셨잖아요~ 흑흑흑."
그러자 하나님께서 매우 곤란한 표정으로 말씀하셨다.
"야, 넌 줄 몰랐다."

쌍둥이의 시험

쌍둥이 형제가 시험을 봤다. 문제는 5문항.
형은 5개 중에 4개를 맞았고 동생은 5개 중에 1개를 맞았다.
형은 풀이 죽어서 엄마에게 말했다.
"엄마, 나 4개밖에 못 맞았어."
그러자 옆에 있던 동생이 바로 대답했다.
"엄마, 난 4개 빼고 다 맞았어요."

💡 나는 기회가 올 것에 대비해서 배우고, 언제라도 일을 할 수 있는 태세를 갖추고 있다. _링컨

사장의 꿈

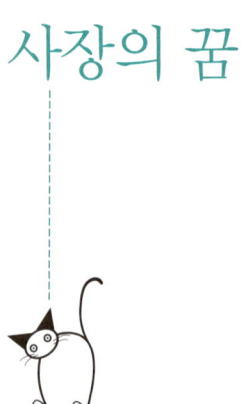

연초에 회사의 한 해 비전을 이야기하는 자리에서 사장이 말했다.

"올해 목표를 달성하면 바닷가 내 별장으로 모두 2박 3일씩 휴가를 보내주겠습니다."

한 직원이 물었다.

"그런데 사장님, 언제 별장을 갖게 되셨나요?"

그러자 사장이 말했다.

"하하하. 여러분이 목표를 달성하면 내가 별장을 살 겁니다."

상대의 눈과 교섭하라. 동작을 신용해서는 안 된다. _셰익스피어

할아버지의 재미

할아버지들이 모여 있는 공원 앞으로 초미니스커트를 입은 아가씨가 지나가자 다들 한마디씩 했다.

"정말 말세야. 저런 치마를 입다니."

"요즘 것들은 참… 예의도 없어."

"에고, 빨리 죽어야지. 그래야 저런 꼴을 안 보지."

그런데 한 할아버지만 조용히 앉아서 아가씨를 바라보자 옆에 있던 할아버지가 물었다.

"자네는 어떻게 생각해?"

그러자 할아버지가 웃으면서 대답했다.

"나? 나야 뭐, 그냥 고마울 뿐이지, 뭐. 하하."

아인슈타인과 기사

 그는 미국의 여러 대학들로부터 쇄도하는 강연 요청을 다니느라 하루에도 몇 번이나 같은 이야기를 반복해야 했다.
 그와 항상 함께 다니는 그의 운전기사 역시 아인슈타인의 강연을 줄기차게 듣다 보니 그 내용을 완전히 암기할 정도가 되었다.
 그 사실을 알고 장난기가 발동한 아인슈타인 박사는 운전기사에게 말했다.
 "그렇다면 다음 강연 때에는 자네가 내 양복을 입고 나 대신 강연을 해보는 게 어떤가?"
 강연을 앞두고 대학에 도착하기 전, 두 사람은 옷을 바꿔 입었다.
 박사는 운전기사의 옷을 입었고, 운전기사는 박사의 양복을 입고 박사인 척 강연을 했다.

가짜 아인슈타인 박사의 강연은 성황리에 끝났다.

그런데 막 연단을 내려올 무렵 한 교수가 어려운 질문을 했다.

순간 눈앞이 깜깜해진 운전기사는 기지를 발휘해서 다음과 같이 대답했다.

"아, 그 정도 질문이라면 제 운전기사도 충분히 답변할 수 있습니다. 운전기사 양반, 이쪽으로 올라와서 설명 좀 부탁합니다."

💡 나는 자신의 모든 문제에 감사하고 있다. _페니(미국 J.C.페니사 창업자)

아이의 산수실력

초등학교 1학년 산수 시간. 선생님께서 한 아이에게 질문했다.

"1 더하기 1은 뭐지?"

"잘 모르겠습니다."

그러자 선생님이 화가 나서 말했다. "이것도 모르다니! 넌 정말 밥통이구나. 다시 계산해봐라.

너하고 나하고 합치면 몇이 된다고 생각하니?"

그러자 아이가 대답했다. "그거야 누워서 식은 죽 먹기죠. 밥통 두 개입니다."

남자의 긍정

한 남자가 수도관이 터져서 수리공에게 전화를 했다.
"수도관이 터졌는데 언제 오실 수 있어요?"
"2시간쯤 걸리겠는데요."
그러자 이 남자 웃으면서 대답한다. "아, 그래요? 그럼 올 때까지 아이들 수영이나 가르치고 있을게요."

💡 문제를 정확하게 파악할 수 있다면 문제를 해결한 것과 같다. _케터링

무덤의 해석

아버지와 아들이 사막을 여행하고 있었다. 물은 어느새 떨어지고 끝없이 이어지는 사막에서 갈수록 헤매고 있었다. 원망으로 가득 찬 아들이 아버지에게 말했다.

"아버지, 우리에게 남은 것은 죽음뿐입니다. 더 이상 걸을 필요가 없어요. 앉아서 편하게 죽는 편이 낫겠어요."

그때 두 사람 앞에 커다란 무덤 하나가 나타나자 아들이 울며 말했다.

"우리도 이 사람처럼 죽을 거예요. 이젠 포기해요."

그러나 아버지는 희망 띤 얼굴로 말했다. "아들아, 무덤은 희망의 징조란다. 무덤은 마을이 가까이 있다는 희망의 표시다."

칭찬의 중요성

한 사진작가가 사진여행을 하는 중에 밥을 먹으러 한 식당에 들어갔다. 그런데 식당주인이 사진을 보여 달라고 졸라서 작가는 자신이 정성스럽게 작업한 사진들을 보여줬다.

사진을 다 본 후 식당주인이 말했다.

"사진기가 좋아서 그런지 사진이 참 잘 찍혔네요."

사진작가는 기분이 나빴지만 꾹 참았다.

그리고 식사가 다 끝나자 한마디 했다.

"냄비가 좋아서 그런지 찌개가 참 맛있네요."

💡 해결법을 모르는 것이 아니라 문제를 모르는 것이다.

_체스터턴(영국의 언론인)

질문의 차이

한 마을에 죽을 파는 두 개의 가게가 있었다.

두 죽 가게는 맛도, 가격도, 손님 수도 비슷했지만 늘 한 가게의 매출이 높았다.

그래서 컨설턴트가 두 가게를 지켜보며 이유를 찾았다.

오른쪽 가게의 종업원은 죽을 내오면서 손님에게 물었다.

"계란을 넣을까요? 말까요?"

왼쪽 가게의 종업원은 이렇게 물었다.

"신선한 계란을 하나 넣을까요? 두 개 넣을까요?"

💡 지위가 높아질수록 더욱 겸손해져야 한다. _키케로(철학자)

할머니의 재치

　고속버스에 올라탄 한 젊은이가 옆에 앉은 할머니에게 말을 걸었다. 이런저런 이야기를 하는 중에 나이 이야기가 나왔다. 젊은이가 물었다.
　"할머니, 올해 연세가 어떻게 되세요?" "응?"
　"할머니, 올해 몇 살이시냐고요?" "응, 주름살."
　"할머니, 농담도 잘하시네요. 주민등록증은 있으세요?"
　"주민등록증은 없고 대신 골다공증은 있어. 호호호."
　"그럼 건강은 어떠세요?"
　"응, 유통기한이 벌써 지났어."

자신의 가치

한 남자가 심장전문의 진료실로 걸어 들어와 말했다.

"실례합니다. 저를 도와주실 수 있겠습니까? 저는 제 자신이 나방인 것 같은 생각이 듭니다."

"당신은 심장전문의가 아니라 정신과의사를 찾아가야 할 것 같소."

"네, 그건 저도 압니다."

"그걸 알면서 왜 여길 찾아온 거요?" 의사가 되물었다.

"저, 그냥 불이 켜져 있어서…."

💡 남의 결점은 자신에게 좋은 교사가 된다. _레만(독일의 서정시인·소설가)

감사한 하나님

어떤 사람이 명마를 구입했다.

말은 신기하게도 "하나님"하면 달리고 "멈춰"하면 멈췄다.

어느 날 말을 타고 정신없이 달리는데 바로 앞에 낭떠러지가 있었다.

그는 깜짝 놀라서 "멈춰"라고 말했다.

말은 낭떠러지 1m 앞에서 겨우 멈췄다.

놀란 가슴을 쓸어내리며 그는 외쳤다.

"오, 감사합니다. 하나님."

예수님과 하나님

예수님께서 말씀하셨다.
"죄 없는 자가 먼저 이 여인에게 돌을 던지라."
그러자 하늘에서 돌 하나가 날아와서 여자를 맞췄다.
그러자 예수님이 말씀하시길… "아버지는 좀 참아주세요."

부부의 사랑

아담이 하나님께 여쭈었다.

"하나님, 이브는 정말 예뻐요. 그런데 왜 그렇게 예쁘게 만드셨어요?"

"그래야 네가 반할 것 아니냐?"

"그리고 피부는 왜 그렇게 부드러워요?"

"그래야 이브를 쓰다듬어 주면서 사랑해줄 것 아니냐?"

갑자기 아담이 입을 삐죽이면서 말했다.

"그런데… 이브는 좀 멍청해요."

"아담아. 그래야 이브가 널 좋아할 것 아니냐?"

💡 지식은 힘이다 _베이컨(영국의 철학자·정치가)

선생님의 반복

 승진이 너무 늦어 불만이 많던 어느 중학교 선생님이 교장 선생님에게 이렇게 따졌다.
 "저는 25년이나 근무했는데 왜 승진이 늦는 겁니까?"
 교장선생님이 대답했다.
 "25년이 아닐세. 그건 자네가 잘못 생각한 거야. 자네는 1년 동안 근무했네. 그걸 25번 반복한 것뿐일세."

명품과 짝퉁의 구별법

명품과 짝퉁의 구별법이 있다고 한다.
남편이 사준 것은? 짝퉁
애인이 사준 것은? 명품
비 올 때 머리에 쓰고 뛰는 것은? 짝퉁
비 올 때 가슴에 품고 뛰는 것은? 명품

💡잊고 싶은 일 일수록 강하게 기억에 남는다. _몽테뉴(프랑스의 사상가)

아빠는 손님

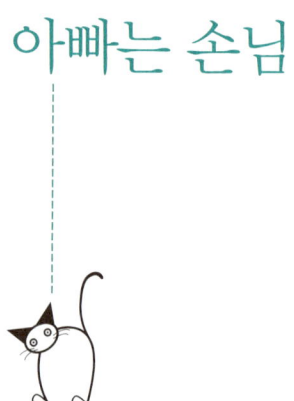

4살짜리 아들을 둔 아빠가 매일 밤 늦게 퇴근하기 때문에 아들의 얼굴을 거의 볼 수 없었다.

그러던 어느 날 아침, 아빠가 출근하려는데 모처럼 일찍 일어난 아들이 눈을 비비면서 한마디 했다.

"근데 아빠… 왜 요즘엔 우리집에 자주 놀러 안 와요?"

💡 역설은 머리가 좋은 사람의 기호품이자, 천재의 기쁨이다.

_아미엘(스위스의 프랑스계 문학자)

보이지 않음을 보는 능력

한 소년이 연을 날리고 있었는데 너무 높이 날아서인지 연이 보이지 않았다. 지나가던 나그네가 물었다.
"꼬마야, 뭐 하고 있니?"
"연 날리고 있어요."
"하지만 연이 보이지 않는구나."
"그럼 여기 와서 이 줄을 잡아보세요. 팽팽하잖아요. 연은 보이지 않지만 이 줄을 통해 연이 잘 날고 있다는 것을 알 수 있어요."

chapter 08

행복

　가장 많은 사람들에게 가장 큰 행복을 주는 것이 가장 좋은 행동이다. - **허처슨**(교육자)

　가장 오래 자는 사람이 가장 행복하고 죽음은 가장 오래 가는 잠이다. - **서던**(극작가)

　가장 커다란 행복은 오직 하나님 안에서 살기 위해서 우리 자신과 결별하는 것이다. - **멘느 드 비랑**(철학자)

　건강은 행복의 기초고 운동은 건강의 기초다. - **톰슨**(연설가)

　결혼에서 행복이란 전적으로 우연한 일이다.
　- **제인 오스틴**(소설가)

고독 속에 무슨 행복이 있겠는가? 모든 것을 홀로 즐긴다 해도 무슨 만족감이 있겠는가? **- 밀턴(시인)**

극도의 행복은 극도의 불행과 마찬가지로 종교를 불러온다. **- 돌리 스미스(소설가)**

나는 한가로울 때 가장 행복하다. **- 아르테무스 워드(기자)**

나는 행복합니다. 여러분도 행복하게 지내시오. 울지 말고 다함께 기쁘게 기도합시다. **- 요한 바오로 2세(교황)**

나만 이렇게 행복해도 좋은 것인가? **- 슈바이처(성직자)**

낙원의 파랑새는 자신을 잡으려 하지 않는 사람의 손에 날아와 앉는다. **- 존 베리(음악가)**

남의 피해를 보고 조심하는 사람은 행복하다.
- **포스터 경**(판사)

남의 행복을 몹시 싫어하고 남의 행복 위에 자기의 행복을 세우려는 사람은 그 자신도 행복하게 되지 못한다.
- **로렌스**(소설가)

누구나 행복하게, 이웃과 평화롭게 지내는데 필요한 것을 넉넉히 소유할 만큼 세상에는 모든 것이 충분히 있다.
- **트루먼**(대통령)

당신은 많은 사람에게 행복과 기쁨을 줄 것이기 때문에 행복한 사람이다. - **베토벤**(작곡가)

돈은 힘, 자유, 지위, 모든 죄악의 뿌리, 행복의 합계다.
- 샌드버그(시인)

말해야 할 때 '노'라고 하는 것은 인생의 평화와 행복의 비결이다. - 스마일스(작가)

모두가 행복해질 때까지는 아무도 완전히 행복해질 수는 없다. - 스펜서(철학자)

모든 정치적 생명은 중간에 행복할 때 끊어지지 않는다면 결국은 실패로 끝난다. - 에녹 파웰(정치가)

백성의 건강은 그들의 행복과 국력의 진정한 기초다.
- 디즈레일리(정치가)

범죄로는 아무도 행복해지지 못하게 하늘은 감시한다.
- 알피에리(극작가)

부자의 큰 행복은 자선할 수 있다는 데 있다.
- 라브뤼예르(작가)

불행한 사람을 비웃지 말라. 자기의 행복이 영원한 것이라고 누가 장담할 것인가. - 라퐁텐(작가)

사람은 아무도 다른 사람을 정말로 이해할 수 없고 아무도 다른 사람의 행복을 만들어 줄 수 없다. - 그레이엄 그린(작가)

사람이 자기가 하는 일에서 행복을 얻으려면 그 일을 좋아하고, 그 일을 지나치게 해서는 안 되며, 그 일이 성공하리라는 생각을 품고 있어야 한다는 세 가지 조건이 충족되어야 한다. - 러스킨(작가)

사소한 것들이 유한한 인생의 행복이나 불행을 초래한다.
- **스미스(경제학자)**

어떤 사람들은 행복이나 쾌락을 권력에서 찾고 또 어떤 사람들은 지식에서, 또 어떤 사람들은 육욕에서 찾는다. 그러나 실제로 자기의 행복에 가까이 가려는 사람들은 참된 행복은 특정인들만이 소유할 수 있는 것이 아님을 잘 알고 있다. 그들은 인간의 참된 행복이란 것이 모든 사람들이 차별 없이 부러움 없이 한결같이 소유할 수 있는 성질의 것임을 잘 알고 있다. - **파스칼(철학자)**

엄밀한 의미에서 행복이란 극한적으로까지 억제되어 있던 욕망이 어느 순간 갑자기 충족되었을 때 생기는 것이다.
- **지그문트 프로이트(의사)**

오래가는 행복은 정직한 것 속에서만 발견할 수 있다.
- 리히텐베르히(작가)

인생은 학교다. 그곳에서는 행복보다 불행 쪽이 더 좋은 교사이다. - 프리체(문예학자)

저 산 너머 또 너머 저 멀리 모두들 행복이 있다 말하기에 남을 따라 나 또한 찾아갔건만 눈물지으며 되돌아왔네. 저 산 너머 또 너머 더 멀리 모두들 행복이 있다 말하건만.
- 칼 부세(시인)

짧은 인생! 위대한 희망! 행복은 허무하고 불행은 오래간다.
- 헤르더(작가)

참된 행복은 눈에 비치지 않는다. 참된 행복은 안 보이지만, 나의 경우에는 희망을 잃었을 때 비로소 행복이 찾아왔다.
– 샹포르(작가)

행복, 그것은 무섭게 상승하며 하강하나니, 그것은 보전되기보다는 발견되기가 훨씬 쉬운 것. 온당하게 존경받지 못하면 행복은 떠나버리고 만다. – 슈트라스부르크(작가)

행복은 대개의 경우, 쾌락이 아니며, 대체로 승리인 것이다.
– 에머슨(시인)

행복은 마음먹기에 달려있다. – 링컨(대통령)

행복은 많은 돈, 좋은 음식, 그리고 우수한 소화능력이다.
– 루소(작가)

행복은 바람둥이와 같아서 언제나 같은 장소에 머물 줄 모른다. **-하이네**(시인)

행복은 부가 가져다주는 것이 아니라 부를 사용함으로써 얻을 수 있다. **-세르반테스**(소설가)

행복은 불행을 피하는 것에서 성립된다. **-앨폰스 카르**(소설가)

행복은 산울림과 같다. 당신에게 대답은 하면서 찾아오지 않는다. **-칼멘 실봐**(배우)

행복은 입맞춤과 같다. 행복을 얻기 위해서는 누군가에게 행복을 주어야만 한다. **-디오도어 루빈**(의사)

  행복은 작은 새처럼 붙들어두어야 한다. 될 수 있는 한 부드럽게, 갑갑하지 않게 해야 한다. 작은 새는 자신이 자유롭다고 생각하기만 하면 수중에 머물러 있을 것이다. **-헤겔(철학자)**

  행복을 잃을 수 있는 한 그래도 우리는 행복을 가지고 있다는 말이 된다. **-타킹턴(소설가)**

  행복을 자신의 두 손안에 꽉 잡고 있을 때는 그 행복이 항상 작아 보이지만 그것을 풀어준 후에야 비로소 그 행복이 얼마나 크고 귀중했던지 알 수 있다. **-고리키(작가)**

  행복의 비밀은 좋아하는 일을 하는데 있는 것이 아니라 해야 할 일을 하는 데 있다. **-제임스 배리 경(소설가)**

행복이란 과잉과 부족의 중간에 있는 조그마한 역이다.
- **차닝 폴록(극작가)**

행복이란 말은 슬픔과 균형을 이루지 않으면 무의미하다.
- **융(심리학자)**

행복이란 무엇보다 건강 속에서 찾을 수 있다.
- **커티스(법률가)**

행복이란 우리 집 화롯가에서 성장한다. 그것은 남의 집 뜰에서 따와서는 안 된다. - **제롤드(작가)**

행복한 결혼에는 애정 위에 언젠가는 아름다운 우정이 접목되게 마련이다. 이 우정은 마음과 육체가 서로 결부되어 있기 때문에 한층 견고한 것이다. - **모루아(소설가)**

 행복한 생활조건을 삶의 길이라고 찬양하는 그대에게 나는 이렇게 대답하겠다. "뜨거움과 차가움 사이에서 미지근하거나, 삶과 죽음 사이에서 떨거나, 액체도 아니요 고체도 아닌 묵 같은 상태를 누가 원하겠는가?" **- 칼릴 지브란**(시인)

 행복한 전사는 자신이 소망하고 있는 것을 알고 있으며 하나의 목표를 믿고 의심치 않는다. 부귀나 명예나 세속의 지위를 탐하기 위해 무릎을 꿇고 허리를 굽히려 하지 않는다. 모든 은덕은 자연스레 그에게 찾아온다. 마치 은혜의 단비가 머리 위에 내려 퍼붓듯이. **- 워즈워스**(시인)

 현대인의 행복은 쇼윈도를 들여다보며 쾌감을 느끼거나 현금, 또는 할부금으로 무언가를 구입하는 것에 있는 것 같다.
 - 에릭 프롬(철학자)